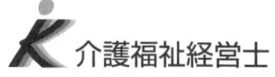

介護福祉経営士 実行力テキストシリーズ ⑬

職員の健康をマネジメント！
企業価値を高める"攻め"のメンタルヘルス対策

大塚博巳
アイエムエフ株式会社
CEO

日本医療企画

はじめに

　私が介護・福祉現場のメンタルヘルスについて訴え始めてから12年が経過します。

　当初は、介護・福祉の現場に「ストレスやメンタルヘルスという言葉を持ち込むな」とお叱りを受けました。それでも訴え続けているのは、私が損害保険会社で医療介護専門部署に在籍していた当時の思いがあるからです。

　当時の私は多くの介護福祉施設や老人保健施設、また、民間介護事業所の皆さんと数々の貴重な経験と事故防止の活動を継続してきました。

　そのなかで、人にミスや事故を起こさせる原因の一つとして職員の精神的健康（メンタルヘルス）や職場環境があったためです。

　ですから、お叱りにもめげず、介護現場のストレスマネジメントおよびメンタルヘルスについて全国各地を飛び回り、その必要性を訴え続けているわけです。

　私がメンタルヘルス研修を始めた当時は、施設や事業所の責任者の方々が集まるのではなく、一般職員の皆さんまたはホームヘルパーの皆さんばかりでした。要するにストレスの対処は個人の適応力の問題など、個人責任で実施するものであるという考えが横行していた時代でした。よって、私が主張する二つの側面（組織的・個人的）の研修はなかなか受け入れてもらえるものではありませんでした。当時、受け入れられていたのは「スーッ」とストレスが消えていく、まるでマジックショーのような研修でした。

　当時としては、介護業界における離職率が高いにもかかわらず人員不足という認識には、至りませんでした。また、介護事業間での

転職が通例であったこと、介護職を希望し、資格を取得する人も多かったことも事実です。あれから、ひとまわりした現在では介護という仕事自体から離れてしまう人も多いため恒常的な人員不足に陥っています。

その理由として「きつい仕事」「安い賃金」などが叫ばれていますが、それ以上に事業所内の職種間の連携や意思疎通が難しく、1人で問題を抱えてしまうことが恒常化し、労いの言葉もかけにくくなること、決して働きやすい職場環境ではないことが大きな原因となっています。事実、職員の皆さんを支えているのは職場の仲間の支えより利用者やその家族からの感謝の言葉であるといわれています。

介護・福祉現場で本当に必要なメンタルヘルス対策およびストレスマネジメントは、結果として以下の4つをもたらすものであることが必要です。

1. 職員の心身の健康管理と職場の安全配慮
2. リスクマネジメントの効果をアップ
3. 生産性の向上（サービスの質の向上）
4. 組織の社会的責任（地域社会への貢献）

そのためには、個人の責任だけを追及することをやめ、組織は組織としての役割を、個人は個人としての役割をそれぞれが果たすことが必要です。

2014年7月

大塚 博巳

CONTENTS

はじめに

第①章 日本における心の健康問題と介護福祉事業の現状

1 日本のメンタルヘルス事情　8
2 介護福祉分野の現場はより深刻な状況　12
●コラム1　過重労働で心身ともにバランスを崩したケース　14

第②章 労務管理の課題と法律から組織対策を学ぶ

1 新しくなった精神障害による労災認定基準　18
2 安全配慮義務には心身の健康まで含まれる　22
3 メンタルヘルスに関する判例から学ぶ　28
●コラム2　若手職員の昇進がいじめに発展したケース　34

第③章 メンタルヘルス対策に取り組むポイント

1 「健康経営」の考え方　38
2 ストレスの基礎知識　42
●コラム3　プライベートの問題で仕事に影響が生じたケース　52

第4章 メンタルヘルスの理解とケア

1 メンタルヘルスとは　*58*
2 ストレス対処への第一歩〜自己理解〜　*63*
3 管理職者の立場で考えるメンタルヘルス対策のポイント　*71*
4 介護福祉の職場におけるストレス対策の意義　*78*
　●コラム4　上司が話を聞く機会をもてず不調を見逃して
　　しまったケース　*81*

第5章 組織で取り組むメンタルヘルス対策

1 基本的な考え方をより明確に理解するために　*86*
2 職場のメンタルヘルスの現状を整理する　*87*
3 メンタルヘルスの4つの留意点　*89*
4 職場復帰支援の流れ　*93*
5 職場復帰の問題点　*96*
6 規定・ルールづくりの必要性　*100*

日本における心の健康問題と介護福祉事業の現状

1 日本のメンタルヘルス事情

　メンタルヘルスにおける国の施策が推し進められてきた背景には、自殺者の増加があります。自殺者数は**図表1-1-1**のように1998（平成10）年から一気に3万人を超え、2011（平成23）年まで14年連続3万人を超える状況にありました。これは、交通事故による死亡者数を超える事態であり、ひとつの病原菌（ウイルス等）で毎年3万人が亡くなるような事態が発生したとすれば、国が対策を取るのは必然のことと理解できるでしょう。

　2012（平成24）年、2013（平成25）年と2年連続3万人を下回る現状となりましたが、これは先進国のなかでも人口10万人あたりの自殺者数（自殺率）の割合が高い不名誉な国であった日本における国の施策の成果ともいえるかもしれません。しかしながら、まだまだ自殺者数の多い国であることに変わりはありません。

　また、3万人の大まかな内訳は「約1万2,000人が60歳以上（高齢者含む）、8,000〜9,000人が労働者、1万人がそれ以外」となりますので、対策を講じるとすれば、労働者つまり企業・組織向けの指針や制度改定から法律改定は、当然着手すべき課題として優先順位が高くなることも理解できます。

【図表1-1-1】日本における自殺者数の推移

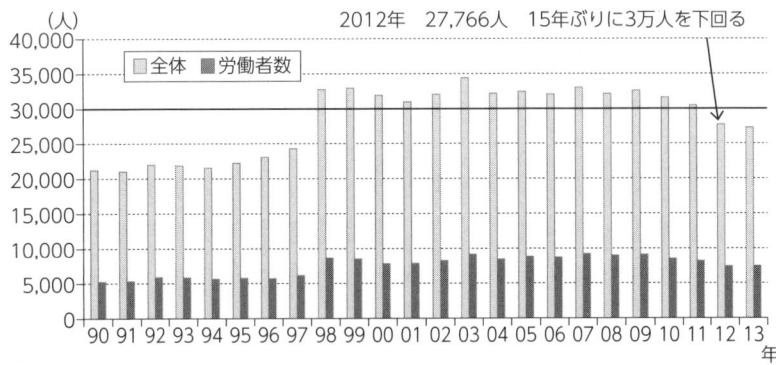

資料:警察庁生活安全局地域課「平成24年中における自殺の概要資料」等を参考に作成
注)自殺した労働者数は「管理職」と「被雇用者」に分類された人数の合計、あるいは「被雇用者・勤め人」に分類された人数。

【図表1-1-2】年代別の自殺者数の推移

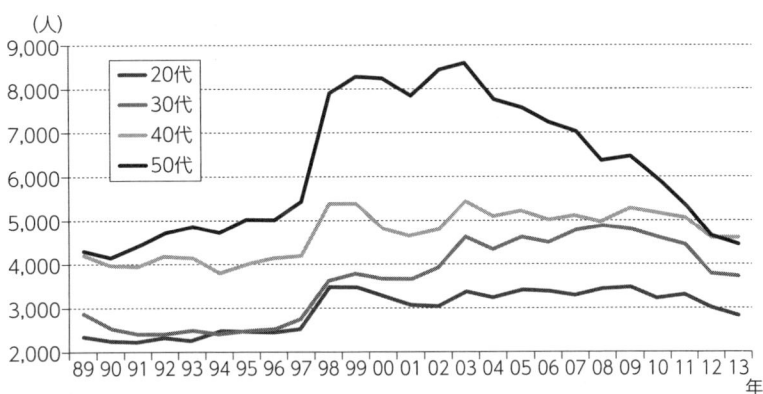

　上図は年代別の自殺者数の推移を示しています。30代の自殺者数だけは00年以降、増加し続けました。しかし、最近、2年間は自殺者総数全体が減少の影響もあり、すべての年代で減少傾向にあります。

資料:警察庁生活安全局地域課「平成24年中における自殺の概要資料」等を参考に作成

最新の労働者の自殺者数の推移をみると、全体的に減少傾向にあることと、十数年間第1位を走ってきた50歳代がついに40歳代を下回っていることがわかります（**図表1-1-2**）。

　このような傾向を知っておくことも、メンタルヘルス対策に取り組みうえでは、大変重要なポイントになります。

　そこで、**図表1-1-3**の患者調査のデータを見てみます。

　自殺の原因の第一となっている健康問題（うつ病等気分障害）について、深刻な状況であることがわかります。国全体で約100万人もの患者がいることとなり、年代別には35歳から44歳が最も多く、次いで45歳から54歳という年代で、まさに介護・福祉事業においても対岸の火事ではなく、リーダーおよび管理職者層に多く見られる状況であることがわかります。社会的に働き盛りの層の方々が気分障害などの精神疾患に苦しんでいることが、現在の国の大きな課題であるともいえるでしょう。

【図表1-1-3】精神障害の患者数の推移

精神障害の患者数の推移

（万人）

年		
96年	46.6	43.3
99年	42.4	44.1
02年	50	71.1
05年	58.5	92.4
08年	58.9	104.1
11年	57.1	95.8

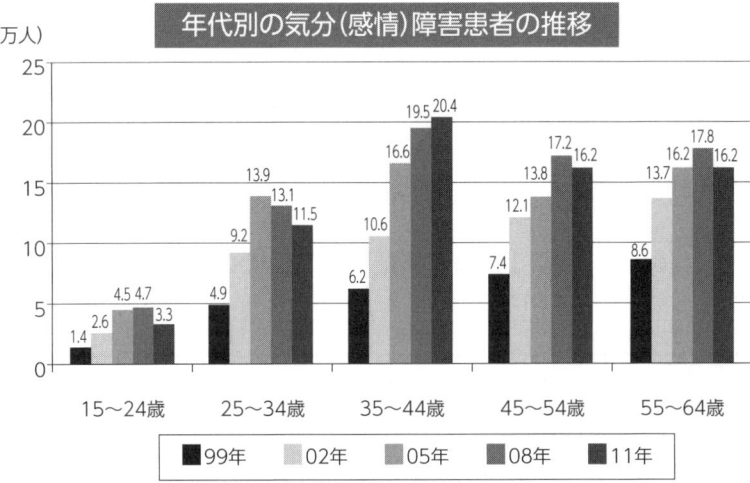

年代別の気分（感情）障害患者の推移

資料：厚生労働省「患者調査」

＊値は国際的な疾病分類基準に基づき分類されているため、うつ病、パニック障害など職場でしばしば見られる障害単独の患者数は不明。
＊11年は施設所在地が宮城県の石巻医療圏、気仙沼医療圏及び福島県を除いた数値
（参考08年福島県は神経症性障害等0.8万人、気分障害1.9万人）

2 介護福祉分野の現場はより深刻な状況

　医療・福祉現場の状況（特に女性を中心として）をみてみましょう。
　図表1-2-1を見ると、医療・福祉分野に就業する女性の自殺者の割合は、全産業平均の倍以上であることがわかります。さらにその理由・動機の割合が「精神疾患（うつ病等）」「勤務問題」が有職者全体と比べて高い傾向にあります。実に半数が精神疾患と勤務問題による自殺なのです。
　さらに全産業平均と比べ離職率も高く、雇用も厳しい状況です（図表1-2-2、1-2-3）。

【図表1-2-1】医療・福祉現場の現状（死因・原因等）

■ 医療、福祉分野の就業者（女性）の死因別死亡者の割合

	悪性新生物	自殺	脳血管疾患	心疾患	不慮の事故	肺炎	老衰	その他
医療、福祉	44.5	11.4	10.2	9.2	6.2	2.6	1.1	14.7
全産業平均	37.9	4.8	11.3	13.3	4.8	5.3	2.6	19.9

資料：厚生労働省「平成22年度人口動態職業・産業別統計」より（不定期更新）

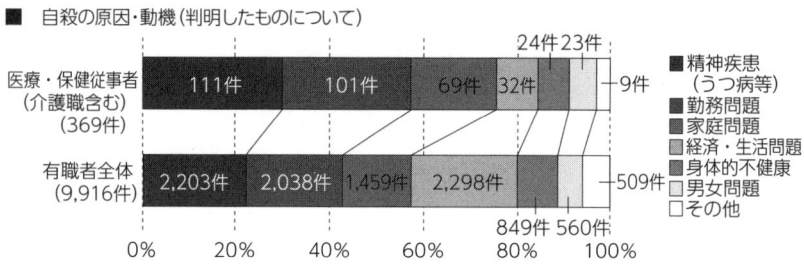

■ 自殺の原因・動機（判明したものについて）

＊1ケースについて原因・動機は3つまで計上可能とした
資料：警察庁「平成25年中における自殺の状況」より

【図表1-2-2】介護現場の現状（有効求人倍率）

（公共職業安定所で職を求めている人一人あたり何件の求人があるかを示す指標）

	平成20年度	平成21年度	平成22年度	平成23年度	平成24年度
全産業平均	0.77	0.45	0.56	0.68	0.82
介護職員（施設系）	1.75	0.96	0.99	1.22	1.90
ホームヘルパー	1.33	0.86	0.75	1.17	1.34
サービス提供責任者	1.14	1.14	0.98	1.28	1.92
看護職	11.22	9.74	10.75	16.98	17.37

＊全産業の資料：厚生労働省「一般職業紹介状況について」
＊介護職員、ホームヘルパー、サービス提供責任者、看護職の資料：中央福祉人材センター「福祉分野の求人・求職動向」

【図表1-2-3】介護現場の現状（離職率）

		H19年度	H20年度	H21年度	H22年度	H23年度	H24年度
全産業	正職員＋非正職員	15.40%	14.60%	16.40%	14.50%	14.40%	14.80%
	正職員	12.20%	11.70%	12.90%	11.30%	11.70%	11.50%
	非正職員	25.90%	24.80%	26.70%	24.10%	23.10%	25.10%
2職種合計（ホームヘルパー＋介護職員）	正職員＋非正職員	21.60%	18.70%	17.00%	17.80%	16.10%	17.00%
	正職員	20.00%	18.50%	16.00%	15.70%	14.30%	15.70%
	非正職員	22.80%	18.90%	17.80%	19.60%	17.80%	18.40%
ホームヘルパー	正職員＋非正職員	16.90%	13.90%	12.90%	14.90%	13.80%	14.00%
	正職員	18.20%	22.10%	14.50%	17.50%	16.80%	16.80%
	非正職員	16.60%	13.10%	12.60%	14.50%	13.10%	13.20%
介護職員	正職員＋非正職員	25.30%	21.90%	19.30%	19.10%	16.90%	18.30%
	正職員	20.40%	18.20%	16.20%	15.40%	14.00%	15.50%
	非正職員	32.70%	27.50%	23.60%	25.00%	21.70%	23.20%

＊全産業の値は、厚生労働省「雇用動向調査結果」より
＊全産業の「正職員」は「一般労働者」、「非正職員」は「パートタイム労働者」を指す。
＊介護職平均、ホームヘルパー、介護職員の資料：介護労働安定センター「介護労働実態調査」
＊介護職の「正職員」は「パートタイム労働者」「他企業への出向者」などを除いた労働者、「非正職員」は正職員以外の労働者（契約職員、嘱託職員、臨時的雇用者、パートタイム労働者）を指す。

過重労働で心身ともにバランスを崩したケース
● 介護老人保健施設 職員Aさん 38歳男性・生活相談員

　8年前に中途採用で入職した中堅職員のAさん（前職は病院のケースワーカー）。まじめで人あたりも良く誠実なAさんは、丁寧な対応が利用者や家族からも評判で、職員からも慕われていた。

　その人柄から時間外でも利用者や家族からの相談に対応することが多いことに加えて、半年前に同僚が退職したことのしわ寄せで、最近では毎月80時間を超える残業が当たり前。さらに2か月前に相談部門のリーダーとなり、休日や残業後も恒常的に仕事を持ち帰っていた。

　それでもAさんは弱音を吐くことなく、前向きに仕事に取り組んでいた。周囲はAさんが抱える膨大な仕事量に気づいていたが、「Aさんは偉いね」と言うばかりで十分な支援をすることはなかった。

　実は、Aさんはリーダーになって以来、身体に強い疲労感があり、それにもかかわらず布団に入ると寝つきが悪く、日中も仕事に集中できないと感じることが多かった。この頃は、Aさん自身、それほど深刻にとらえていなかったため、上司である副施設長に、「最近ちょっと疲れてきました」とこぼす程度で、副施設長も「気をつけてね」と気にせず、軽く返していただけだった。

　しかし、数週間経過すると、Aさんの身体には異変が起きていた。大量の寝汗をかいて朝早く目が覚め、その後眠れない状況が続き、時には出勤前に強い吐き気を催すなどの症状がみられるように

なったのである。市販の胃薬を飲んでも効果はなかった。

　この時期になって、ようやく「このままでは良くない」と考えたAさんは、副施設長に「最近疲れやすい」「夜眠れない」「出勤するのが辛い」と話し、「人員の補充をしてほしい」と要望したが、副施設長からは「考えておく」という返事があっただけだった。

　さらに2週間後には、「持ち帰りの仕事がかなり多く、恒常的であること」も報告したが、副施設長からは「あなたにはそれができると確信しているし、施設としてもあなたに期待している。そんな弱音を吐いていては、今後の評価のためにならない」と受け付けてもらえなかった。

　翌週、体調不良で欠勤したAさんは、その翌日「うつ病により2か月の休職を要す」との診断書を提出し、即日休職。最終的に復職までに約半年の休職が必要となった。

Key Point!
職員の仕事量の判断と調整は組織・上司の責任範囲

　この事例におけるポイントは、「発見と予防的対応の重要性」です。Aさんは仕事に対しとても前向きで、長時間の残業や持ち帰りの仕事もいとわず、仕事ぶりにも信頼がおける様子です。しかし、やや頑張りすぎてしまったようです。しかも、頑張り続けなくてはならない状況に置かれていることは、当然、副施設長を含め周囲の知るところとなっていました（よく見られる光景です）。

　その場合、たとえ本人が訴え出なかったとしても、管理者とし

ては何らかの対処をする必要性があります。このケースでは、管理職は少なくとも「長時間残業が常態化している」ことを通常業務のなかでチェックし、早期に発見できるはずです。また、Aさんの場合は同僚が辞め、かつリーダーに抜擢されるなどの出来事が発生していますので、普段以上に個人の変化に気を配る時期ととらえなければなりません。また予防的対応として、事前の仕事量の調整やサポート体制づくりが必要だったと考えられます。

「精神障害等の労災認定」の視点から見ると、出来事の強度が高く、支援がない状態なので、総合評価として「精神障害を発症させる恐れのある程度の心理的負荷」として労災認定される可能性のある事例と考えられます。

第2章

労務管理の課題と法律から組織対策を学ぶ

1 新しくなった精神障害による労災認定基準

　ここで、精神障害の労災件数の推移をみてみましょう（図表2-1-1）。1999（平成11）年度からやや減少してはいるものの、約10年で1.5倍となっています。急増したのには理由があります。これは厚生労働省による労災認定基準が見直されたことなども大きく影響しています。これまで労災と認められなかった事案が訴訟によって労災認定される判決がなされれば、類似の事案が次から次へと出てきてさらに増えていくことが想定できます。また、精神障害の労災認定については、2011（平成23）年に「心理的負荷による精神障害の労災認定基準」ができたことにより認定までの期間が短縮され、専門家による協議をすることなく認定されるので、今後もより増えていくことが想定されます。

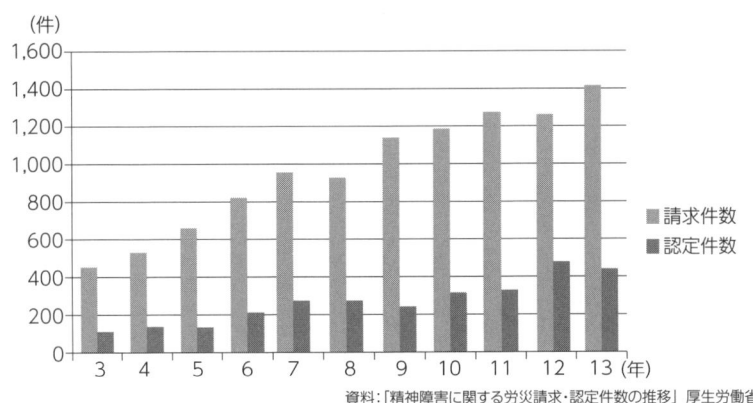

【図表2-1-1】精神障害の労災件数の推移

資料：「精神障害に関する労災請求・認定件数の推移」厚生労働省

精神障害の労災請求件数は12年度から152件の増加

業務中に事故が起こり職員がケガをすれば労災認定されるのと同様に、業務上の要因から発症した精神障害であれば労災認定の対象となります。また、その業務起因性の事業者の過失は認定の要件ではありませんが、その判断基準は具体的に示されているのです。

新しい認定基準（図表2-1-2）の特徴は、①わかりやすい（認定要件、心理的負荷評価表、長時間労働の評価表）、②セクシャルハラスメントやいじめ等についての考え方が進歩した、②認定までの時間の短縮（合議制：判断が難しい事案のみに限定）――の3点です。

【図表2-1-2】新しくなった労災認定基準

〈認定基準の特徴〉
　①わかりやすい（認定要件、心理的負荷評価表、長時間労働の評価方法）
　②セクシャルハラスメントやいじめ等についての考え方が進歩
　③認定までの時間の短縮（合議制：判断が難しい事案のみに限定）

〈業務上となる場合〉

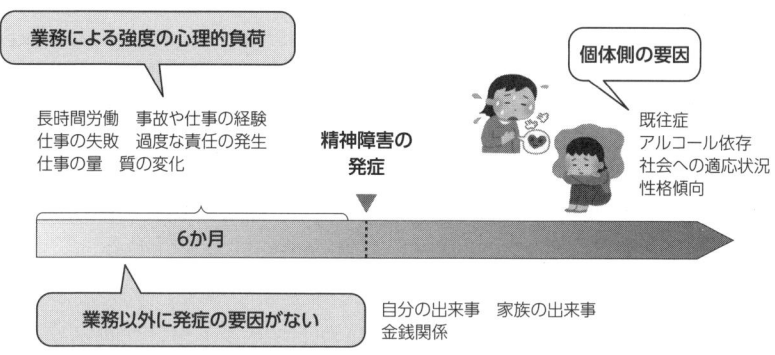

①精神障害（対象疾病）の発症をしていること
②おおむね6か月以上の間に、業務による強い心理的負荷が認められること
③業務以外の心理的負荷、個体側の要因が認められないこと

　心理的負荷評価表で示されている出来事は、通常の人事権の行使が列挙されており、今後リスクになる事例が並んでいるので、人事労務管理の問題として大変重要となる（弁護士談）

【図表2-1-3】精神障害の発病についての考え方

精神障害は、外部からのストレス（仕事によるストレスや私生活でのストレス）とそのストレスへの個人の対応力の強さとの関係で発病に至ると考えられています。

発病した精神障害が労災認定されるのは、その発病が仕事による強いストレスによるものと判断できる場合に限ります。

仕事によるストレスが強かった場合でも、同時に私生活でのストレスが強かったり、その人の既往症やアルコール依存など（個体側要因）が関係している場合には、どれが発病の原因なのかを医学的に慎重に判断しなければなりません。

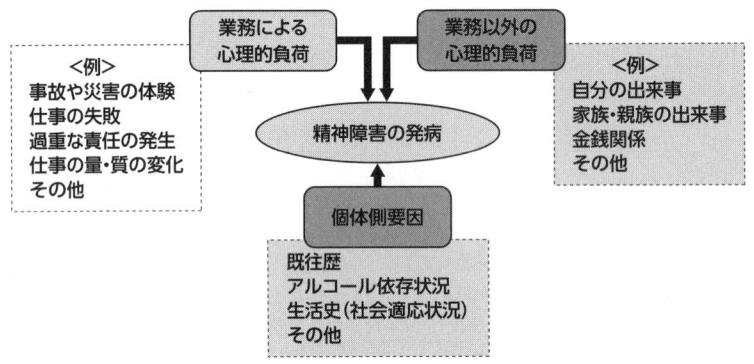

資料：厚生労働省「精神障害の労災認定」

　精神障害の発病についての考え方は図表2-1-3のようになっています。「心理的負荷評価表（強度）の具体例」（図表2-1-4）は医師が関わって医学的見識に基づいて作成されたもので、その例が細かく示されています。たとえば職員に責任の重い仕事を任せる、これまでと異なる業務をさせるなどが該当します。そして、セクシャルハラスメントはもちろんのこと、職員を「ちゃん」づけで呼んだり、集団で無視をしたりといったことにまで及びます。

　以上のことから、組織運営上で当然発生する、人事異動、配置転換、昇進・昇職等の人事上の出来事についても、その他の出来事が重ならないように配慮することや、何よりも人事上の出来事が発生した職員には、組織として定期的なフォローアップのための面接等

を実施すること、そして職場の環境整備をその部署の責任者だけに任せるのではなく組織全体で考えるしくみをつくることなどが、これらの出来事に対する配慮のひとつということになります。

【図表2-1-4】心理的負荷評価表（強度）の具体例

平均的な心理的負荷の強度		心理的負荷の強度を判断する具体例		
出来事	強度	弱	中	強
配置転換があった	Ⅱ	以前に経験した業務等、配置転換後の業務が容易に対応できるものであり、変化後の業務の負荷が軽微であった	配置転換があったここでの「配置転換」は所属部署（担当係等）、勤務場所の変更を指し、転居を伴うものを除く	・過去に経験した業務と全く異なる質の業務に従事することとなったため、配置転換後の業務に対応するのに多大な労力を費やした ・配置転換後の地位が、過去の経験から見て異例なほど重い責任が課されるものであった ・左遷された（明らかな降格であって配置転換としては異例なものであり、職場内で孤立した状況になった）
（ひどい）嫌がらせ、いじめ、または暴行を受けた	Ⅲ	部下に対する上司の言動が業務指導上の範囲を逸脱し、又は同僚等による多人数が結託しての言動が、それぞれ右の程度に至らない場合について、その内容、程度、経過と業務指導からの逸脱の程度により「弱」または「中」と評価		・部下に対する上司の言動が、業務指導の範囲を逸脱しており、その中に人格や人間性を否定するような言動が含まれ、かつ、これが執拗に行われた
セクシャルハラスメントを受けた	Ⅱ	・「○○ちゃん」等のセクシャルハラスメントに当たる発言をされた場合 ・職場に水着姿の女性のポスター等を掲示された場合	胸や腰等への身体接触を含むセクシャルハラスメントがあっても、行為が継続しておらず、会社が適切かつ迅速に対応し発病前に解決した場合	胸や腰等への身体接触を含むセクシャルハラスメントがあって、行為が継続して行われた場合 または会社に相談しても適切な対応がなく改善されなかったまたは会社への相談の後に職場の人間関係が悪化した場合

資料：厚生労働省「心理的負荷による精神障害の認定基準について」より一部抜粋

2 | 安全配慮義務には心身の健康まで含まれる

　では、医療・福祉の職場における精神障害による労災の状況はどのようになっているのでしょうか。**図表2-2-1**を参照してください。この表は精神障害による労災申請数のワースト15業種を示したものです（厚生労働省、2013年）。おわかりのとおり、なんと「社会保険・社会福祉・介護事業」がそのトップになっています。実は何年もにわたり、医療業と１、２位を争っている非常に喜ばしくない状況です。

　実は、１位といってもその件数は、119件ということでそれほど多くないと考える人も多くいることでしょう。

【図表2-2-1】医療・福祉現場の現状

精神障害等の労災請求件数の多い業種　（中分類・上位15業種）

		業種(大分類)	業種(中分類)件数	件数
→	1	医療、福祉	社会保険・社会福祉・介護事業	119
→	2	医療、福祉	医療業	96
↗	3	運輸業、郵便業	道路貨物運送業	73
↗	4	情報通信業	情報サービス業	56
→	5	卸売業・小売業	その他の小売業	53
→	6	サービス業(他に分類されないもの)	その他のサービス業	51
↗	7	宿泊業, 飲食サービス業	飲食店	44
↗	8	製造業	輸送用機械器具製造業	42
↗	9	製造業	食料品製造業	41
↗	10	建設業	総合工事業	39
↗	11	サービス業(他に分類されないもの)	その他の事業サービス業	37
↘	12	運輸業、郵便業	道路旅客運送業	35
↘	13	卸売業・小売業	各種商品小売業	34
↘	14	建設業	設備工事業	29
↘	14	研究、専門・技術サービス業	専用サービス業(他に分類されないもの)	29

業種の分類についての説明は総務省HPを参照ください
(http://www.stat.go.jp/index/seido/sangyo/19-3.htm)

資料：厚生労働省「平成25年度脳・心臓疾患及び精神障害等に係る労災補償状況について」より

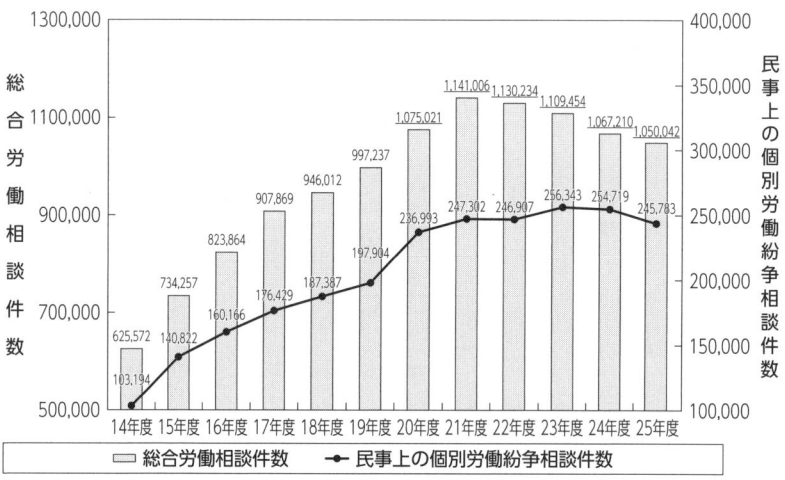

【図表2-2-2】総合労働相談件数

資料：厚生労働省「平成25年度個別労働紛争解決制度施行状況」より

　そこで、全国の労働基準監督署に入る総合労働相談件数の推移を見てください（図表2-2-2）。なんと6年連続100万件を超えており、2013（平成25）年度の件数は、105万42件、さらにそのうち、民事上の個別労働紛争相談件数は24万5,783件にも上っており、ケタが違います。「訴える」という行動に出る労働者の数はこのように多く存在しているわけですから、そのなかの労災申請数は氷山の一角にすぎないことは明白です。

【図表2-2-3】最近3か年の主な紛争の動向

民事上の個別労働紛争に関わる相談件数

	23年度	24年度	25年度
いじめ・嫌がらせ	45,939	51,670	59,197
	(+16.6%)	(+12.5%)	(+14.6%)
解雇	57,785	51,515	43,956
	(−3.9%)	(−10.9%)	(−14.7%)
自己都合退職	25,966	29,763	33,049
	(+28.1%)	(+14.6%)	(+11.0%)
労働条件の引下げ	36,849	33,955	30,067
	(−1.0%)	(−7.9%)	(−11.5%)

※( )内は対前年度比

資料：厚生労働省「平成25年度個別労働紛争解決制度施行状況」より

【個別労働紛争相談の内訳】
◆労働者からの相談が80.1％、事業主からの相談は12.0％
◆正社員が39.8％、パート＆アルバイトが16.6％、派遣労働者4.3％

　図表2-2-3は、その主な紛争動向を示しており、なんと「いじめ・嫌がらせ」は2012（平成24）年51,670件、2013（平成25）年は59,197件とまた増えている悩ましい状況です。

　つまり、給与などの目に見える明確な要因ではなく、精神的に不当な扱いを受けたとして訴えるケースや、そのような職場環境を放置したために配慮に欠けるとして訴えるケースが増えているということが思っている以上に多いということかもしれません。

　ご存知のとおり、2014（平成26）年6月19日国会で可決され6月25日に労働安全衛生法改正が公布されました（**図表2-2-4**）。そもそも事業者には労働安全衛生法によって安全な職場環境を保つことが定められていますが（**図表2-2-5**）、2008（平成20）年に施行された労働契約法（第5条）では、事業者の安全配慮（健康配慮）義務が明文化され（**図表2-2-6**）、今までの物理的な安全衛生に加えて、心身の健康に配慮すること（過労死やうつ病などの防止・対応）も重要な事項として求められています。さらに理解をしておくべきは、事

【図表2-2-4】労働安全衛生法および安全配慮義務

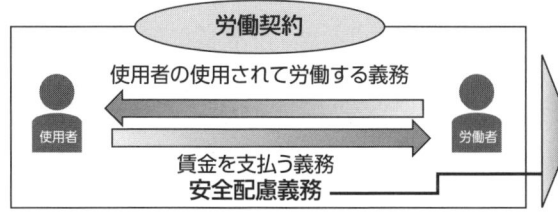

労働契約
- 使用者の使用されて労働する義務
- 賃金を支払う義務
- 安全配慮義務

使用者
業務管理
職場環境の整備に配慮

労働安全衛生法
労働災害の防止など労働者の安全と健康を確保するため、事業者が講じなければならない措置の具体的な内容を定めるとともに、さらに快適な職場環境の形成の促進などを目的としている

- 安全衛生管理体制
- 労働者の危険・健康障害を防止するための措置
- 機械・有害物に関する規制
- 労働者の就業にあたっての措置
- 健康の保持増進のための措置
- 快適な職場環境の形成

【図表2-2-5】事業者が行うべき安全配慮措置

物理的な安全措置
①作業や作業方法の危険を防止し、救護体制を整える
②機器の定期的なメンテナンスや有害物の取扱規則を整備し、順守する
③従業員の就労時間を適正に管理し、無理のないような就労体制を取る
④トイレや休憩所の設置など快適な職場環境を整える

健康配慮措置
①労務の遂行過程で健康を害することのないように配慮する
②既往症を有するものに対して、職種の選択、職務の遂行方法などを配慮する
③健康診断を定期的に実施し、身体や精神の不具合を早期に発見する
④不具合を発見されたものに対して、適切な治療機会を与え、労務の軽減等の措置をとる

《健康面のケア》
過労死、過労自殺の防止
健康診断によって心身の異常が発見されたものへの配慮

→ 事業者リスクから逃れる →

健康配慮義務を継続的に履行することで、重症化（過失）発生の可能性を限りなくゼロへ

【図表2-2-6】安全配慮義務

- 労働契約法第5条では、「使用者は、労働契約に伴い、労働者がその生命、身体等の安全を確保しつつ労働することができるよう、必要な配慮をするものとする」と規定されるに至った。

- 安全配慮義務という概念は、もともとわが国では実定法上明文の定めがなされていたものではなく、判例法理として認められてきたものだが、**2008（平成20年）年3月から施行された労働契約法において明文化（法文化）された。**

事業者の安全配慮義務の"実行（責任）者"は管理監督者となります

業者には安全に配慮する義務があり、その履行責任者は管理監督者であるということです。それがゆえに、管理監督者へのメンタルヘルス研修は大変重要かつ必要不可欠なものであると理解しておいてください。

　もう少しわかりやすく言えば、介護事業所における管理監督者（リーダー層を含む）も所属する事業所または部署の部下の状況を把握し、適切な理解と対応が求められているということになります。

　ですから、管理監督者はメンタルヘルスに関する基本的な知識を身につけ、ストレスに関する適切な知識も身につけ、さらに部下の状態を理解し、不調のサインを早期に発見し（気づいて）、声をかけ、何が問題になっているのかを聴き、医療機関や専門機関につなげるなどのサポート（支援）ができるようにしておかなければなりません。これらの対応を怠ることは、その後のトラブルを招き、利用者へのサービス提供どころか、事業経営の継続さえ危ぶまれることになり

【図表2-2-7】事業者としてのリスク

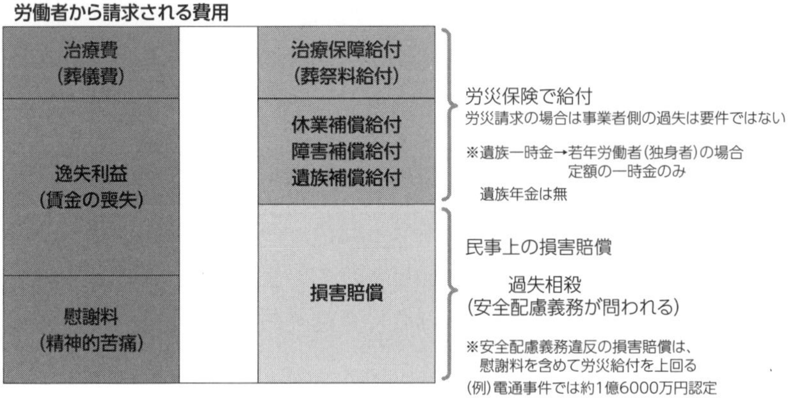

労働者から請求される費用

治療費 (葬儀費)	治療保障給付 (葬祭料給付)	} 労災保険で給付 労災請求の場合は事業者側の過失は要件ではない
逸失利益 (賃金の喪失)	休業補償給付 障害補償給付 遺族補償給付	※遺族一時金→若年労働者(独身者)の場合 　　　　　定額の一時金のみ 　遺族年金は無
慰謝料 (精神的苦痛)	損害賠償	} 民事上の損害賠償 　　過失相殺 　　(安全配慮義務が問われる) ※安全配慮義務違反の損害賠償は、 　慰謝料を含めて労災給付を上回る 　(例)電通事件では約1億6000万円認定

早期対応／予防／いざという時の備え／手続き　すべてが重要

かねません（図表2-2-7）。

　これらの基準は事業者にとっては大変厳しいものに感じられますが、ネガティブにとらえず、職場全体の心の健康は、当然のことながらサービスの質の向上への土台づくりという前向きな姿勢でとらえていただき、事業のさらなる発展につなげてほしいものです。

3 メンタルヘルスに関する判例から学ぶ

　職場におけるメンタルヘルス不調の問題、そして精神障害による労災については、さまざまな裁判例（以下、判例）が存在します。そして、この判例は今後の事業者と職員との関係や職場の安全配慮に大きく影響するものとして注目されています。
　ここでは、7つの判例を挙げて、今後どのような状況が考えられるか解説していきます。

①電通事件（最2小判、平成12年3月24日）

　過重労働による精神疾患から自殺した社員について、安全配慮義務違反を認めた判例です。これまで個人的な要因として考えられてきた自殺を「組織の責任」として会社の賠償責任を認めた例であり、その後の労災認定に大きな影響を与える判例となりました。この判例から仕事量の把握や配慮を行うことが組織の義務であり、その配慮を実行するのは管理監督者の役割であることを考えることができます。

②三洋電機サービス事件（東京高判、平成14年7月23日）

　業務起因性は否定されましたが、発症後の上司の態度に違法性ありとして安全配慮義務違反を認めた（過失2割）判例です。
　この判例からこれ以上がんばれない状態の人にがんばることを強いることは、安全配慮義務違反となることが考えられます。2002（平成14）年の判例ということを考えると、現在ではこのような配慮は管理監督者として当然すべき行為となります。ですから、管理監督

者の基本的な研修を定期的に繰り返すことが必要不可欠であると肝に銘じておくべきです。

③豊田労基署長（トヨタ自動車）事件（名古屋高判、平成15年7月8日）

　過労自殺の労災認定、ストレス脆弱性説（最弱者レベル説）の適用された判例です。この判例は賛否があるようですが、参考までに挙げてみます。

　ストレスの受ける影響は人によって異なり、同じような仕事を任せてもできる人と負担が重く不調になってしまう人もいることを踏まえ、大きなプロジェクト等を事業所内で遂行するときには職場全体の状態を把握し個人差を踏まえた配慮が必要であると考えられます。

④誠昇会北本共済病院事件（さいたま地判、平成16年9月24日）

　セクハラ・パワハラによるメンタルトラブルに実行行為者と会社（組織）の慰謝料支払いを命じた判例です。

　上司であり、先輩である立場を利用して後輩職員を休日に呼び出すなどしていた者が実行行為者として訴えられました。実行行為者ばかりではなく、いじめや嫌がらせを周囲の職員が知っている、またはその他の上司も気づいていながら、放置してしまうことは組織としての配慮に欠けるということになりますので、慰謝料の支払いが求められると考えられます。

⑤静岡労基署長（日研化学）事件（東京地判、平成19年7月30日）

　過労によらず上司の言動（いわゆるパワハラ）による精神疾患から生じた自殺を労災認定した判例です。

　上司の言動が大きく影響することが考えられます。部下が結託し

て上司をいじめるような行為も同様に考えられます。

⑥東芝深谷工場事件（東京高判、平成23年2月23日）
　精神疾患で休職期間満了により解雇された従業員が解雇後に労災認定を受けたことで、解雇が無効とされ、解雇後の賃金支払い等が認められた判例です。この判例から、就業規則における休職期間満了時の退職・解雇の扱いを明確にしておくことが必要となりました。解雇には30日前までの予告や解雇制限（労基法19条）に服する可能性もあるので満了日をもって自動的に退職扱い（自然退職）を勧める専門家が多いようです。担当の社会保険労務士に相談する必要があるでしょう。

⑦日本ヒューレット・パッカード事件（最2小判、平成24年4月27日）
　精神的不調により実在しない嫌がらせを受けていると主張し無断欠勤を続けた社員に対する諭旨退職処分を無効とした判例です。

　さらにこの事件の特徴は、精神的不調者に対する組織の一般的対応を示した最高裁判決ということです。ですから、今後は事業者としてこの判例に沿った対応をすることが求められていく可能性が高いので、管理職者はこの判断のポイントを踏まえた対応が必要となります。「判断のポイント①精神的不調のため、欠勤を続けている労働者に対しては、使用者は精神科医による診断結果等に応じて対応を検討すべきであること。②①の対応をすることなく、ただちに欠勤を理由とした懲戒処分を行うことは適切ではない」

　これらの判決は、組織の対応を明確にしており、より専門的な対応も必要となってきています。

　ここで、職場で精神障害等の不調となった人はどのような思いを

抱えているのか考えてみましょう。精神障害等で不調となった職員の受けるダメージは大きく、以下のような思いに苦しむとされています。産業保健法務研究研修センター　2013.2　資料一部改変より）

①精神疾患による闘病苦
　抑うつ気分、興味と喜びの喪失、活動性の減退、集中力と注意力の減退、罪責感と無価値観、将来に対する希望のない悲観的な見方、不安焦燥、不眠等の身体症状、自殺念慮　等々

②キャリアの喪失
　「精神疾患＝使い物にならない」という固定概念
　解雇、降格、事業所内評価の低下

③賃金を得られないことによる経済的ダメージ
　就業規則などで休職中の賃金の支給が認められなければ、傷病手当や労災の休業補償給付を得ない限り、収入はない

④家族も巻き込まれる
　闘病苦による家庭の不和
　自殺の場合の精神的・心理的ダメージ

　このような思いを想像し配慮しながら、対応について考慮することも大事でしょう。そして、職場環境等が原因でメンタル不調者が発生した場合における組織側の損失には、以下のような事項が挙げられます。

①経済的損失
　・安全配慮義務違反が認められた場合の損害賠償
　・業務起因性が認められた場合の休職の賃金

- 休職中の代替え要員の人件費／対応する担当者の相当分の人件費
- プロジェクトの停滞等業務自体への悪影響
- 訴訟の弁護士費用等の手続き費用
- 弁護士、メンタルヘルス専門機関に対する顧問料

② **人的損失**
- 優秀な人材を失う
- 組織の対応によっては他の職員からの信頼を失う

③ **社会的信用の低下**
- 報道や裁判によって業務起因性のあるメンタルヘルス不調者を発生させた組織として社会的信用を失う
- 職場全体が疲弊しがちになり、サービスの質は低下するのでさまざまなミスやクレームにつながる

　このように安全配慮義務を怠り、訴訟に発展すれば、職員はもとより組織側の損失は計り知れません。お互いに不利益をもたらすのです。判例はインターネットで見ることができ、あっという間に地域に広がります。職員も利用者も集まらなくなり、事業継続も困難となります。
　このような事態にならないためにも組織でメンタルヘルス対策に取り組む必要があるのです。
　労災認定の判例から考えると、組織の取り組みには、以下のようなことが求められていくでしょう。

① **組織の現状把握**
- メンタルヘルス対策の取り組み状況
- 職員の身心の健康状態

・対策の必要性（その度合い）
② **安全配慮義務の実行者である管理監督者の教育**
③ **不調者（障害者）対応および職場復帰支援体制の構築**
④ **職場環境改善（事業所として放置しないこと）**
⑤ **就業規則や組織内ルールの見直し等**
⑥ **組織・業界としての慣習や人材育成手法の見直し**
◇専門機関との提携
　予防、対応……メンタルヘルス対策支援専門機関
　手続き……社会保険労務士、弁護士

若手職員の昇進がいじめに発展したケース

● 特別養護老人ホーム 職員Bさん 27歳女性・介護福祉士

　新卒で入職し、6年目を迎えるBさんは、若手ながら信頼が厚く、施設長からも期待されている。入職当初は時折失敗して落ち込むこともあったが、その後は困ったときは皆に相談しながら、常に笑顔を絶やさず前向きに働いてきた。

　その働きぶりが認められ、Bさんは4月からユニットリーダーに抜擢されることに。しかし、この"通常より早い"昇進が発表された直後、Bさんがそれまで頼りにしていた先輩職員Zさんからきつく叱責を受けた。Zさんの勘違いが原因で、身に覚えのないBさんは否定したが、これがZさんには「反省していない」と映ってしまった。Zさんは「あなたにはもともと責任感が欠落している」「ただニコニコしていればいいわけじゃない」と、これまでにない強い調子でBさんを批判した。

　Zさんの言葉は次第にエスカレートし、仲裁に入ろうとした何人かの先輩職員も、「私と新人のどちらにつくのか」というあからさまな態度に、結局はZさんに加担。長時間にわたり数人の先輩から責め立てられたBさんは、号泣してしまう。それを見つけた施設長がとりなしたが、翌日からBさんは、Zさんなど複数の先輩職員から、理不尽な叱責や人格面にまでかかわる執拗な中傷を受けるようになってしまった。

　1週間ほど経って事実誤認が発覚し、Zさんは施設長に促されるかたちでBさんに謝罪したが、この頃からBさんは職場で笑顔

を見せなくなり、おどおどした様子が目立つようになった。

　そして4月になり、ユニットリーダーになったBさんは、「新たな気持ちで頑張ります」と笑顔を見せ、対応が難しい利用者を進んで担当。ユニット内の職員の管理など新しい仕事にも積極的に取り組むなど、前向きな様子に施設長は安心していた。しかし不慣れな業務に加え、日勤でも夜遅くまで残ることがたびたびで、2週間ほど経った頃には、仲のよい同期職員に「仕事に自信がもてない」ともらすようになった。

　一方、先輩職員からの目立った中傷は減ったが、関係は改善していなかった。施設長以外にも多くの職員が二人のこじれた関係を知るようになったが、施設の開設当初から在籍するベテラン職員であるZさんは、時に施設長にさえ意見を押し通せるほどの迫力があり、誰も関係改善の手助けはできなかった。この状況にもかかわらず、施設長は、Bさんがもち前の明るい性格で周りの職員と協力しながら解決することを期待していた。

　4月の終わり、Bさんはこわばった顔つきで「私にはユニットリーダーは無理です」「仕事自体を続ける自信がなくなりました」と話し、「この職場にはもう来たくない」と施設長に告げ、逃げるように帰宅した。翌朝、出勤してこないBさんを心配して施設長が電話すると、昼前になってつらそうな様子で出勤してきたが、2日後には体調不良を訴え出て欠勤した。

　その翌日、出勤してきたBさんと面接した施設長は、必死に「君なら乗り越えられる」「Zさんのことは気にするな」と励ましましたが、Bさんはうなだれたまま小さく頷くだけだった。

　そして2日後、「3か月の休職を要する」との診断書が提出された。休職に入った時点で、Bさんは夜眠れず、情緒不安定、気分

の落ち込み、身体の強いだるさ等を訴えていた。その後、約3か月の休職を経て職場に復帰したが、2週間後には再度休職。その後、退職の手続きがなされ、施設から完全に姿を消してしまった。

Key Point!
客観的な視点から観察し
職員の状態を見極める必要性

　このケース最大のポイントは、「観察」です。ここで言う観察とは、「対象となる人などの実態を知るために客観的かつ注意深く見ること」を指します。Bさんの様子を時系列に見ていくと、その変化がよくわかります。一方で、上司である施設長の視点には「客観性」が足りなかった可能性があります。最もわかりやすいのは、Bさんがユニットリーダーに就任した場面です。施設長は前向きな様子を見て安心していますが、このときのBさんは、自分の役割を重く受け止め、それに応えようと無理をして前向きにふるまっているに過ぎません。それまでの状態を考慮せず、「大丈夫そうだ」と見るのは、施設長の勝手な"願望"の反映でしょう。

　また、実際の支援の仕方も重要です。Zさんとのトラブル、ユニットリーダーとしての仕事の大変さは、退職に至った根本原因ではありますが、もしこれらの課題についてしっかりと相談に乗り、支援できていれば、違う結果が導き出せたかもしれません。

　「精神障害等の労災認定」の視点から見ると、この事例も「精神障害を発症させる恐れのある程度の心理的負荷」として、労災認定される可能性が高いと考えられます。

第3章

メンタルヘルス対策に取り組むポイント

1 「健康経営」の考え方

メンタルヘルスに関する現状は理解できたと思いますので、本章からはメンタルヘルス対策を始めるには、どのようなことから取り組んでいくべきなのか考えてみましょう。

【図表3-1-1】職員の健康は経営資源

職員同士がコミュニケーションを密に図り、健康に配慮する文化を事業所に創造していくことによって、組織の健康と生産性を維持していく「健康経営」が近年注目を集めています。

> 「健康経営」
> 職員の健康を重要な経営資源と捉え、健康増進に積極的に取り組む事業所経営のスタイルのこと

～背　景～

- 少子高齢化による労働人口の減少
- メンタルヘルス不調者の増加
- 生活習慣病の増加等による医療費増大
- 外部環境の変化に伴う経営合理化

健康づくりが疎かになると…
- 生産性の低下
- 事故・不祥事の発生

→ 経営に重大な影響を及ぼす恐れがある

　まず、何より重要なことは、職員の健康は事業所によって経営資源であるということを肝に銘じることです。現在では、さまざまな業種で「健康経営」という概念が注目を集めるようになりました。健康づくりを怠れば、事業経営に重大な影響を及ぼす恐れがあることは当然です（図表3-1-1）。

　そして、事業所が職員の健康づくりに積極的に取り組むことで、

心身ともに元気に働く職員が増えれば、職員、事業所双方に大きなメリットが生まれることも知っておきたい事実です。これは、職員にとっても事業所にとっても大変良い影響をもたらすものですので、積極的に取り組みたいものです（図表3-1-2）。

【図表3-1-2】健康経営に取り組む

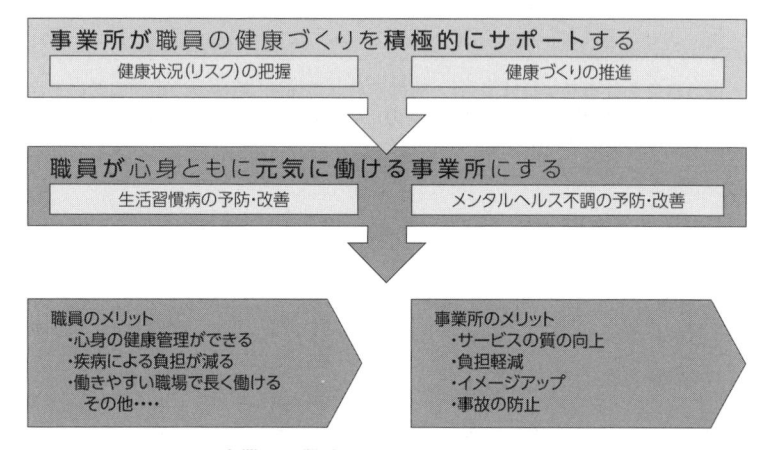

事業所が職員の健康づくりを積極的にサポートする
- 健康状況（リスク）の把握
- 健康づくりの推進

↓

職員が心身ともに元気に働ける事業所にする
- 生活習慣病の予防・改善
- メンタルヘルス不調の予防・改善

↓

職員のメリット
・心身の健康管理ができる
・疾病による負担が減る
・働きやすい職場で長く働ける
　その他‥‥

事業所のメリット
・サービスの質の向上
・負担軽減
・イメージアップ
・事故の防止

事業所の業績にも良い影響をもたらす

　福祉への思いは重要です。しかし、福祉への情熱や気合いだけをもってしても、健康経営は進みません。まずは、事業者の責任（安全配慮義務）と職員の責任（自己保健義務）を相互に確認して適切に理解しておくことから始めます。そして、「ストレス」という用語に関しても適切な理解を重ねていくことが、健康経営を進めていくうえで大切な第一歩です。

　人間は仕事をすれば疲労し、疲労すれば肉体面・精神面の両面において休養しなければなりません。それは、自分自身のためですが、職場全体、事業所全体のためでもあるという意識を熟成したいもの

【図表3-1-3】健康管理と自己保健義務

労働契約法第5条には、事業者の責任として
　事業者の安全配慮(健康配慮)義務が定められています。

労働安全衛生法(第4条、第66条、第69条)には、
労働者が守るべき義務も規定されています。
・労働災害の防止に関する措置に協力するよう努める
・事業者が行う健康診断を受けなければならない
・健康診断の結果及び保健指導を利用して、その健康の保持に努める
・健康教育及び健康相談その他労働者の健康の保持増進を図るため継続的かつ計画的に
　講ずる措置を利用して、その健康の保持増進に努める

人間は誰でも仕事をすれば疲労し、疲労すれば肉体面、精神面の両面において休養しなければなりません。それは、自身のためでもあり労働契約をしている事業所の職場全体のためでもあります。

です(図表3-1-3)。

　そこで、改めて考えてみましょう。健康とは何であるか。この定義が存在することをご存知でしょうか。WHO憲章の前文で以下のように解説されていますので、ご一読ください(図表3-1-4)。

【図表3-1-4】健康とは……

WHOの定義(WHO憲章前文より抜粋)

Health is a state of complete physical, mental and social well-being and not merely the absence of disease or infirmity.

　健康とは、病気ではないとか、弱っていないとかということではなく、肉体的にも精神的にも、そして社会的にもすべてが満たされた状態にあることを言います。

　この文章を読んで健康がいかに難しいことか、また一人ではなく社会全体で考えるべきことであると痛感していただけるのではないでしょうか。

ですから、職場という単位の小さな社会でもしっかりと考えなければならないことなのです。特に医療・福祉関係に携わる皆さんは、この定義の重みをよくご存じのはずですので、自分の職場の健康状態は把握しておくことが必要でしょう。また、自分だけではなく、いっしょに働く職員は全員が健康であるかどうか、管理職者としてよく観察する必要があります。

【図表3-1-5】組織としての取り組み

メンタルヘルス対策（両側面が必要不可欠）	
1. 組織としての取り組み	**2. 個人としての取り組み**
組織におけるメンタル不調者の増加への対策として、厚生労働省よりメンタルヘルスに関する指針が示され、組織において、その取り組みがなされることが求められています。 組織としては、職員の皆さんのメンタルヘルスを向上すべくさまざまな取り組みを実施することが必要となります。	一方、メンタルヘルスは組織側からのアプローチとともに、個人が正しくそれを理解し、取り組むことでさらに向上・維持を見込むことができます。 メンタルヘルスとは、心が健康である状態を指しますが、そのためには日々遭遇するストレスとどう付き合い、対処していくのかということが最も重要なことになります。

このように健康経営という概念や職場の健康状態という側面からみると、当然のことながら、職員が個人的にがんばったとしても完結することではありません。組織だけがその気になってもやはり無理が生じます。

ですから、組織と個人の両面からの取り組み（図表3-1-5）が、この職場の健康づくりに向けた（特にメンタルヘルス対策）取り組みを効果的にする唯一の方法であることが理解できると思います。この本を読んでいただいたことを機に皆さんの職場の健康について、一度立ち止まって考えてみてください。

2 ストレスの基礎知識

　次に「ストレス」について考えてみましょう。
　管理職者の皆さんが、この用語を適切に理解しておくことが対策を効果的なものとするはずです。

　まず、管理職であるあなた自身のストレスを**図表3-2-1**でチェックしてみてください。管理職者の皆さんにかかる負担はとても大きなものがあるはずです。患者調査のデータを見てもわかるとおり、40歳代の患者数が多いことも、その負担がひとつの原因であるとも言われています。いずれにせよ、ご自身の健康管理は自身のためであり、職場のため、最終的には、利用者のためでもあるはずです。

　最近1か月のあなたの状態について聞いていますので、この1か月間を振り返りながらお答えください。
　チェックのついた項目はいくつあったでしょうか。ひとつを1点として、合計点を出してみてください。
　この1か月間の状態を振り返った結果が、4段階のストレス（状態）となります。この質問紙だけの判定で、特に心配するようなことはありませんが、21点以上の人は、やはりその状態に気づいて、早めに休息を取るなどの対処が必要かもしれません。もちろん、実施の時期によってはその点数にも開きが出ますが、定期的（月に1回程度）に振り返りをして自分の状態に気づいて、切り替えをしていくことがとても重要なことです。
　ところで、「問題なし」という人であっても、例えば0（ゼロ）点

【図表3-2-1】簡易ストレスチェックリスト

最近1か月間のあなたの状態についてうかがいます。あてはまるものに✓を付けてください。

		✓
1	よくかぜをひくし、かぜが治りにくい。	
2	手、足が冷たいことが多い。	
3	手のひらや、わきの下に汗をかくことが多い。	
4	急に息苦しくなることがある。	
5	動悸がすることがある。	
6	胸が痛くなることがある。	
7	頭がスッキリしない(頭が重い)。	
8	眼がよく疲れる。	
9	鼻づまりがすることがある。	
10	めまいを感じることがある。	
11	立ちくらみしそうになる。	
12	耳鳴りがすることがある。	
13	口のなかが荒れたり、ただれたりすることがよくある。	
14	のどが痛くなることが多い。	
15	舌が白くなっていることがある。	
16	好きなものでも食べる気がしない。	
17	いつも食べ物が胃にもたれるような気がする。	
18	腹が張ったり、痛んだり下痢や便秘をすることがよくある。	
19	肩がこりやすい。	
20	背中や腰が痛くなることがよくある。	
21	なかなか疲れが取れない。	
22	このごろ体重が減った。	
23	なにかするとすぐに疲れる。	
24	気持ち良く起きられないことがよくある。	
25	仕事(主婦業、勉強)をやる気が起こらない。	
26	寝つきがわるい。	
27	夢を見ることが多い。	
28	夜中に目が覚めたあと、なかなか寝つけない。	
29	人とつき合うのがおっくうになってきた。	
30	ちょっとしたことでも腹がたったり、イライラしそうになることが多い。	

21点以上	強いストレス
11～20点	ストレス
6～10点	軽いストレス
5点以下	問題なし

という人は、違う意味で課題を抱えている場合もあります。その人はストレスがない（ゼロ）ということではなく、ストレスに気づいていない可能性があるからです。

　先にも説明したとおり、人間は仕事をすれば疲労し、疲労すれば肉体面・精神面の両面において休養しなければなりません。急に倒れたり、欠勤したり、またはイライラして周囲の人に対して八つ当たり的な対応をすることで職場全体が疲弊していたりします。ストレスに強い、弱いはありません。現れ方が異なるだけです。

　では、そのストレスとはどのようなものを指すのでしょうか。
　ストレスを図で示すとこのようになります（図表3-2-2）。

【図表3-2-2】ストレスとは

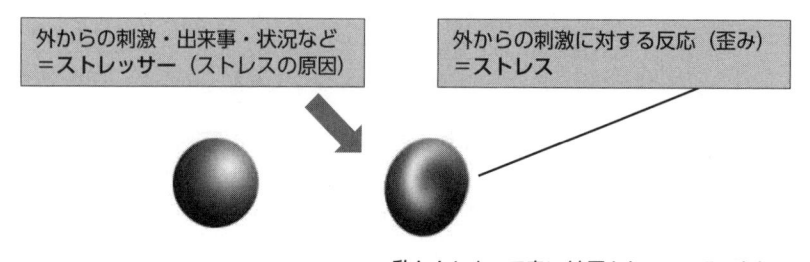

外からの刺激・出来事・状況など
＝ストレッサー（ストレスの原因）

外からの刺激に対する反応（歪み）
＝ストレス

私たちにとって良い結果となっていることも、
悪い結果となっていることもある

必ずしも「悪い」ことだけではない
→うまく付き合っていくことが大切＝ストレスマネジメント

　直径が30cmくらいのゴムボールを想像してみてください。
　それが、転がらないようにそっと両手で支えてみましょう。そのときのボールの形はどんな形をしていますか。空気が入っていますので丸いですね。

では、次にそのボールを指で上からぎゅーっと押さえていってみます。そうすると、ボールの形はどのようになりますか。そうです。つぶれて少し歪んだ形になります。さらに押し続けて……、押し続けている指や手にはどのような感触がありますか。たぶん、ゴムボールが元の形に戻ろうとしているために押し戻されるような、圧力を感じているのではないでしょうか。
　ボールが私たち人間だと考えると、私たちの周りで起きているいろいろな出来事や職場の状況が、ゴムボールを指で押さえつけたような外からの圧力ということになります。このような出来事や状況のことをストレス要因（ストレッサー）と呼んでいます。
　一方で、外から加えられた力に対して、皆さんの手が押し戻されたようにそれを押し戻そうとする力が働いていました。このように元の状態に戻ろうと押し戻す働きをストレス、あるいはストレス反応といっています。先ほどチェックしていただいた項目はこのストレス反応の現れ方の一覧ということになるのです。

　さて、さまざまなストレス要因（ストレッサー）があると、私たちはそれを通常の状態に戻そうとストレス反応を出して自分自身や周囲に知らせます。
　心理的反応を見ると、落ち込んでみたり、悩んでみたり、不安な気分になったりします。そのままの状態で放置すれば、やる気が起こらなかったり、睡眠に問題が生じたりすることもあります。放置しておくと、この人たちはうつ状態になり、やがて深刻な問題となる可能性もあります。身体的反応では、頭痛や耳鳴り、肩こり、下痢、便秘などさまざまな状態を示します。苦しくて病院に行くこともあるでしょう。行動的反応では、つい飲み過ぎたり食べ過ぎたり、またはイライラしてつい怒鳴ってしまったり、人とつき合うの

【図表3-2-3】ストレスによる問題発生のメカニズム

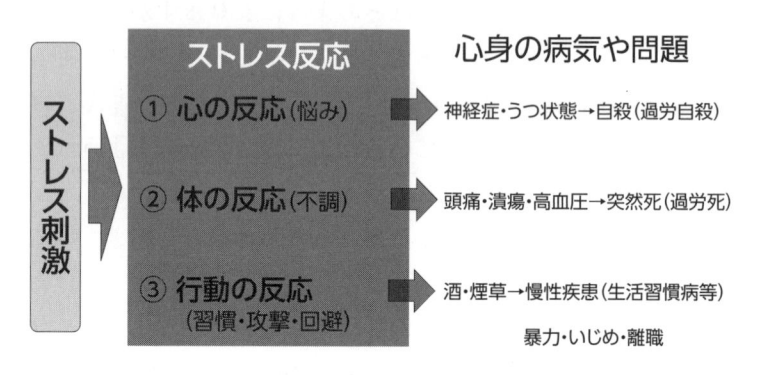

```
                    ストレス反応              心身の病気や問題
ストレス刺激  →   ① 心の反応（悩み）    →   神経症・うつ状態→自殺（過労自殺）
                  ② 体の反応（不調）    →   頭痛・潰瘍・高血圧→突然死（過労死）
                  ③ 行動の反応          →   酒・煙草→慢性疾患（生活習慣病等）
                    （習慣・攻撃・回避）      暴力・いじめ・離職
```

ストレスに強い人はいない。問題の現れ方が違う

がおっくうになることもあります。職場での人間関係を考える場合でも、この部分の適切な知識があることで、いじめや嫌がらせにつながる攻撃的な反応や回避的な反応をする職員に対して、早期に発見・早期の対処という適切な対応ができることでしょう。

　このようにさまざまな問題の現れ方をしますので、ストレスに強いとか弱いなどという発想ではなく、常にその状態を知っておくことのほうが、実は健康な状態を維持するためにも必要なことです。

　ストレスに強い人はいるかという質問を受けることがありますが、強い人、弱い人という発想ではなく、ストレスに気づかない人がいるという答えをさせていただいています（図表3-2-3）。

　例えば、先ほどの質問紙で0（ゼロ）点の人は、たぶん「ストレスなんて弱音は吐けない」と必死に仕事をしているのではないでしょうか。実は気づいている部分もありますが、我慢してバリバリと積極的に仕事をこなして、職場では責任感の強いがんばり屋さんだったりします。このような人は、血圧が高くなったり、腰痛や肩こり、

下痢、便秘など、ストレス反応のサインは出ているもののまったく気づかず無視をしてしまい、ある日突然バッタリと倒れることや睡眠に問題が生じてメンタルヘルス不調となり、休職するなどの事態となることも少なくないと思います。周囲からは、ストレスに強いがんばり屋さんとして期待されていたかもしれません。

同じように、プロのスポーツ選手やオリンピックの代表選手などで考えてみると、理解しやすいかもしれません。ふだんの練習では、パフォーマンスの高い選手であっても、いざ本番となるとそのプレッシャーや緊張は計り知れないものがあります。それ自体をストレス要因としてとらえ、自分のストレス反応を冷静にとらえて、過度のストレス反応を緩和する方法を身につけるためにメンタルトレーニングにも励む選手がいます。自分の持つパフォーマンスを十分に発揮できるように適切な知識を得て、いざという時にも自分でマネジメントできるように訓練しているというわけです。

一流選手には、良いプレイをするために「ストレスに強い人」ではなく、「ストレスに上手く対応できる人」が選ばれているのです。その意味では、人の命や生活を支える仕事をする皆さんが、自分自身およびそのチームである職場のストレス・マネジメントをすることは専門職として当然のことと考えられるのではないでしょうか。

ストレスの基本的な知識を理解していただいたところで、働く人のストレスモデル（職業性ストレスモデル）をご紹介します（図表3-2-4）。

これをみると、働く人たちの周りにはさまざまなストレスが存在します。これらを一般的な職場の注意すべきストレス要因として、

1）仕事の量の問題
　終わらない仕事、担当範囲が拡大する

2）仕事の内容の問題
　あいまいな指示、求められる役割の変化、矛盾する役割、権限のなさ、不透明な評価
3）対人関係の問題
　言ってもわからない部下、無理を押しつける上司

などがあります。

　さらに、介護・福祉職の職場環境では、次のような特徴が挙げられています。

1）過重労働、時間的切迫
2）「命にかかわる仕事」という重圧……事故に対する責任・恐怖
3）利用者・利用者家族からの過度な要求
　　乱暴・攻撃的な言動・不満・叱責
　　　→自分の人格に向けられたと感じ、燃え尽きる（バーン・アウト）
4）対人援助職特有の心理状態
　　・「感情労働」
　　　→職業にふさわしい感情を意識的に操作・管理することが要求される
　　・「対人援助職のジレンマ」
　　　→使命感や熱意がある人が燃え尽きやすい。しかしながら、使命感や熱意のない人ならば良いかというと、そういう人は、そもそも対人援助職に向かない

　こうしてみると、介護・福祉職にはストレス要因がより多く存在することがわかります（**図表3-2-5**）。ですから、人員不足に悩むば

【図表3-2-4】職業性ストレスモデル

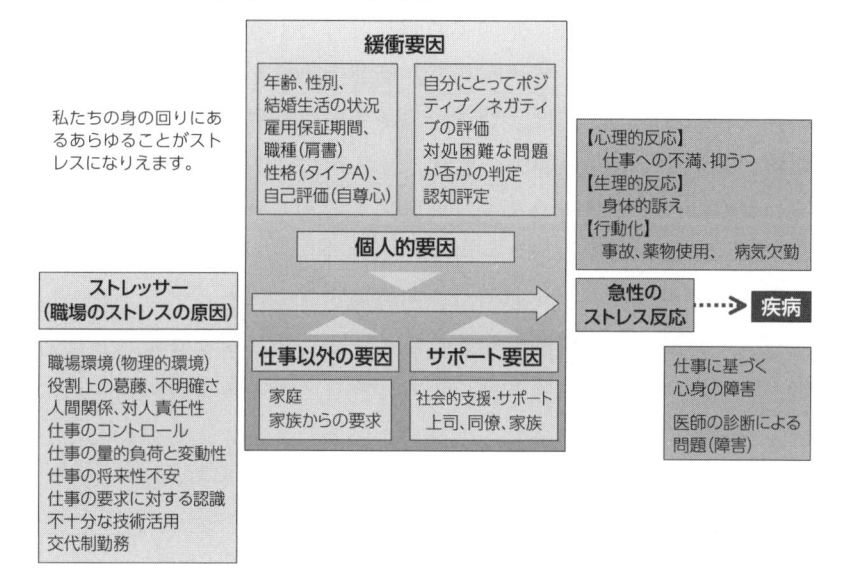

緩衝要因

個人的要因
- 年齢、性別、結婚生活の状況、雇用保証期間、職種(肩書)、性格(タイプA)、自己評価(自尊心)
- 自分にとってポジティブ/ネガティブの評価、対処困難な問題か否かの判定、認知評定

仕事以外の要因
- 家庭、家族からの要求

サポート要因
- 社会的支援・サポート、上司、同僚、家族

ストレッサー(職場のストレスの原因)
- 職場環境(物理的環境)
- 役割上の葛藤、不明確さ
- 人間関係、対人責任性
- 仕事のコントロール
- 仕事の量的負荷と変動性
- 仕事の将来性不安
- 仕事の要求に対する認識
- 不十分な技術活用
- 交代制勤務

私たちの身の回りにあるあらゆることがストレスになりえます。

急性のストレス反応 → 疾病

【心理的反応】仕事への不満、抑うつ
【生理的反応】身体的訴え
【行動化】事故、薬物使用、病気欠勤

仕事に基づく心身の障害
医師の診断による問題(障害)

かりではなく、適切なメンタルヘルス対策に取り組みことが必要不可欠なのです。

その方向性として、職業性ストレスモデルを理解しておくことをお勧めします。

このモデルでは、ストレス要因(ストレッサー)がただちに急性のストレス反応につながっていくのかというと、そうではなくさまざまな緩衝要因によって反応が異なっていくことを示しています。

個人的要因は、組織として対応することが困難な場合もあるかもしれませんが、事業者、管理職者としては理解しておくことが必要です。ひとつの職場で同じストレス要因があったとしても、そのストレス反応は職員によって異なる、その理由を示しているからです。経験や雇用形態ばかりではなく、その職員の性格や認知評定によっ

てさまざまな反応となります。しかし、だからといって手をつけずに放置しておくことは、先にも説明しましたように、安全配慮に欠けることとなります。ですから、緩衝要因のなかで組織として取り組むべき最低限の対応は、つきなみですが、相談体制の整備と職場環境の調整（サポート要因の強化）ということになります。職場環境の調整は、まず特有のストレス要因を抱える介護・福祉現場の相互の協力体制を構築することです。それは、たとえ忙しい、時間に追われるなどのストレス要因自体が軽減できていなくても、ストレス反応は軽減される可能性が高くなるためです。メンタルヘルス対策がストレス要因の排除だけのように感じている事業者の皆さんには、その誤解を解くためにこの部分を強調しておきます。

【図表3-2-5】注意すべきストレス要因

①一般的な職場ストレス要因

1) 仕事の量の問題
   （終わらない仕事、担当範囲が拡大する）

2) 仕事の内容の問題
   （あいまいな指示、求められる役割の変化、矛盾する役割、権限のなさ、不透明な評価）

3) 対人関係の問題
   （言ってもわからない部下、無理を押しつける上司）

②介護・福祉職に関わる要因

1) 過重労働、時間的切迫

2) 「命にかかわる仕事」という重圧……事故に対する責任・恐怖

3) 利用者・利用者家族からの過度な要求
   乱暴・攻撃的な言動・不満・叱責
   →自分の人格に向けられたと感じ、燃え尽きる（バーン・アウト）

4) 対人援助職特有の心理状態
   ・「感情労働」
     →職業にふさわしい感情を意識的に操作・管理することが要求される
   ・「対人援助職のジレンマ」
     →使命感や熱意がある人が燃え尽きやすい。しかしながら、使命感や熱意のない人ならば良いかというと、そういう人は、そもそも対人援助職に向かない

column3 コラム

プライベートの問題で仕事に影響が生じたケース
● 小規模多機能型居宅介護施設 職員Cさん 34歳男性・介護職

　Cさんは入職して8年、現在の職場に異動して2年になる中堅職員。時に不注意からミスをしたり、失敗して落ち込んだりすることもあるが、特に多いわけでもなく、毎日安定して仕事をするまじめな職員という評価を受けていた。

　半年前からリーダーの補佐として職員のシフト管理業務を手伝うようになったCさん。これまで問題なく続けていたが、最近、希望通りのシフトに入れなかった職員から愚痴を言われることで「ストレスが溜まる」と感じていた。ただこの業務は特定の時期に限られているため、それ以外は普段と変わりなく仕事に取り組んでいた。

　ところがある日、時間になってもCさんが出勤してこない。以前、Cさんがシフトを勘違いしたことを思い出したリーダーは、「また同じような状況かもしれない」と思い、軽く注意をするつもりでCさんの自宅に電話を入れたが誰も出なかった。心配になったリーダーは施設長に報告。さらにCさんと個人的にも仲のよい同僚にメールで連絡をとってもらうと、「今日は休むと伝えてください。明日は出勤します」という返事があった。

　翌日、Cさんは少し元気がない様子で出勤してきた。午前中に施設長が面接したところ、「朝、体がだるくて動けなかった」「連絡することすら辛かった」「この頃、夜寝ようとしても2～3時間寝つけず、寝なくてはいけないと思ってイライラが募る」とい

うCさんの状況を聞くことができた。ただ、「これからは大丈夫」と言ったきり、原因については黙ってしまい、わからなかった。

しばらく何事もなく過ぎたが、3週間ほど経った頃、Cさんは再び遅刻。このときは出勤時間を過ぎてすぐに、Cさん本人から「すみません、すぐに出勤します」と連絡があり、2時間後に出勤してきたが、明らかに寝不足な様子だった。

リーダーは、昼休みにさりげなく声をかけ、他の人を避けて話を聞いた。するとやはり「寝つけないことが多く、最近ではつい寝酒が過ぎてしまい、昨晩は4時頃まで起きていた」ことなどを話した。リーダーが協力の意思を伝えると、Cさんは「実は離婚に向けた話し合いをしている」と告げ、「プライベートなことなので、同僚に迷惑はかけたくない」と話した。リーダーは、離婚問題については職場としての関与が難しいと考え、現在の職場での負担について尋ねた。

「家のことがうまく行っていない今の状況では、シフト管理業務で同僚から愚痴を言われるのがつらく、自分を責めてしまう。落ち着いたらできると思う」とのこと。一時的に業務を外し、体調不良などの場合は無理せずリーダーに話すこと、その代わり飲酒は控えることなどを話し合った。

Cさんはその後の1か月、体調不良で2度早退することがあったが、徐々に落ち着いてきた様子。Cさんはリーダーに、「離婚の目処が立ってきたので、もう大丈夫そうです」と話した。

> Key Point!

『個人の問題』として放置せず職場でできることを支援

　このケースには、「不調の背景がプライベートである可能性が高い」という特徴があります。プライベートに問題がある場合、職場としては"個人の問題"として片づけ、特に対処しないことが多いようですが、問題を抱えている場合、どんな人でも仕事にその影響が出ると考えておくことが必要です。その場合、業務の調整や負担を軽減する配慮など、職場として支援できる範囲での対処をすることが、より良いサポートにつながります。

　このケースのリーダーや施設長も、何も特別な対処をしたわけではありません。一時的に業務を整理し、声をかけ、話をしただけなのです。それでも十分な対処になり得るのだということが理解いただけたでしょうか。

　実はこのケースは、職員のメンタルヘルス対策をいち早く導入した先進的な法人のものです。4つの施設を抱えるこの法人では、過去に精神障害等で休職および退職する職員が複数出てしまったことを機に、専門機関である当社（アイエムエフ株式会社）に相談されてきました。そこで、私たちは協力して、職場環境の現状把握と、法人内の課題抽出のためにメンタルヘルス調査を実施しました。その結果をもとに明確になった法人および各施設の現状と課題に合わせた管理者・リーダー職の構造的なメンタルヘルス研修を行い、また施設長をはじめとした管理者全員がいつでも専門機関に相談できる体制を敷いたことで、職員の変化を観察し、

予防対応を困難なくできる環境が整備できました。その結果、通常であれば見逃してしまいがちな職員の変化はただちに発見され、その予防的な対処について管理者およびリーダー内で検討、専門機関にも相談し、早期に対処できるようになっています。

第4章

メンタルヘルスの理解とケア

1 メンタルヘルスとは

　これまで「メンタルヘルス」という言葉を用いてきましたが、読者の皆さんは具体的にどのように考えているでしょうか。近頃はよく「メンタル」という言葉を耳にするようになり、多くの方が用いているかと思います。しかし、どちらかというとマイナスの意味を込めて使用される人が多いようです。

　「メンタル」という言葉そのものには「精神の、心の」という意味しかなく、もし、心の調子がよくないという意味で使用するのであれば、「メンタル不調者」というほうがより適切です。

　「ヘルス」は健康を意味するので、メンタルヘルスとは、ひと言でいうと、「心の健康」です。

　では、どのような状態をいうのでしょうか。あなたが「心の面で健康だ」と感じるのはどのような状態ですか、「心の健康」を保つためにできることは何ですか、「心の健康」を保つために必要なことは何ですか、周囲の人の「心の健康」のためにしてあげられることは……具体的にいえますか。

　WHO（世界保健機関）では、「心の健康」は以下の4つの要素で構成されているとしています（図表4-1-1）。

①自己理解→自分を知る
②ストレスへの対処→ストレスと上手につきあえる
③働くこと→やりがいをもって働ける
④周囲への貢献→人の役に立っているという実感をもつ

おそらく、介護・福祉職の皆さんはこの構成要素への理解が早いのではと考えます。そもそも職業の特性として、まず利用者への共感や理解が必要となるからです。と同時にいえることは、利用者への理解を深めることは専門的に行えるものの、自分自身に対してはあまり構わない人が多いようです。

　職業としての専門性を高めるためにも職場において他者への理解を実践していくことはサービスの質の向上へとつながるでしょう。介護事業者、管理者には、ぜひ、「メンタルヘルス対策」を推進していただきたいものです。

　取り組むためには、職員のそれぞれの特性を理解することが求められます。例えば、Aさんは、厳しい口調で注意するとやる気をなくすタイプ、ということを知っていれば、穏やかな口調で注意するなど対応することができます。

　同様に自分自身の傾向を知ることも大切であり、それは自分自身への対処能力への変化をもたらします。自己理解をすることによって対処能力を高めることができるのです。

　ここで、4つの構成要素について、解説していきます。

①自己理解

　自己を理解できていることは、「心の健康」にとって大変重要です。このことは、実は職員一人ひとりが安定して仕事を続けられる職場をつくることにもつながっています。

　自己理解には大きく分けて2つあります。1つ目は、「そのときの自分の状態を知ること」です。仕事やプライベートなど、私たちは常に周囲からの影響を大なり小なり受けています。その影響によって自分自身がどうなっているのかを知るということです。例えば、他に気になることがあるときには仕事に身が入らず、ミスが出

やすいまたは効率が下がり仕事がはかどらないということがよくあります。その原因に気づいていないと、必要以上にイライラして余計にうまくいかなくなるかもしれません。自分の状態に気づくことができれば、何らかの方策を練ることができるはずです。

　自己理解の2つ目は、「自分の特徴を理解すること」です。当たり前のことですが、私たちには一人ひとり「特徴」があります。考え方や感じ方、性格や能力（得意・不得意）など、さまざまな面があります。仕事の場においても、それが強みになったり弱みになったりしているはずです。それらを無視していると、自分に合わない仕事を続け、後で苦しむといったことにもなるのです。

②ストレスへの対処

　皆さんがご自身で取り組んでいるメンタルヘルス解消法があるはずです。そのどれもが基本的には適切なものであろうと思います。前にも触れましたが、介護・福祉の現場ではストレス対策というと原因の除去ばかりを考えすぎてしまい、ストレス対処というと何やら特別な対処法があって、その特別なスキルを身につけることのように考えがちですが、決してそんな難しいことを説いているわけではありません。

　原因をすべて除去することなどできませんので、ストレス要因を明確にしながら自分の現在の状態（ストレス反応）を感じて（自己理解）、早めに切り替えるために休息をとるということで結構です。もう少し言えば、上手につき合うために周囲の人に話をすることも必要でしょう。そのような職場環境と同僚や上司のサポートは、ストレス反応を軽減し、サービスの質の向上（生産性の向上）につながるはずです。

③働くこと（やりがいをもって働ける）

　うまく働くことはできていますか。この問いは、職員一人ひとりが力を発揮できる職場づくりにつながります。

　私たちは毎日のように働いています。しかし、「うまく」働くことはできているでしょうか。毎日出勤はしているが、何をすればいいのかわからない、あるいは何をしても不十分な水準にしかならない、どんなにやっても仕事の結果が見えてこない……。これではメンタルヘルスが良い状態とは言えません。このことからも、メンタルヘルスは個人の問題である以上に、職場など組織として考えるべき問題であることが見えてくるはずです。どんな仕事でも、マネジメントのあり方によって、職員のメンタルヘルスの状態は良くも悪くもなる可能性があるのです。

④周囲への貢献（人の役に立っているという実感をもつ）

　周りの人の役に立っていますか。この要件は、職員による主体的な職場づくりを引き出すことにつながります。

　これは、メンタルヘルスが単に個々の問題ではなく社会的な問題であることを示しています。前述のように、個人のメンタルヘルスの状態は常に周囲から影響を受けています。働いている人は当然、職場からの影響を強く受けます。ですから、職場がどのような場所であるかということは非常に重要です。働いている人にとって最も良い職場というのは、そこで働く一人ひとりが主体となって自分たちでつくり出したものであるはずです。しかし、だからといって職場づくりを職員任せにすればいいということではありません。職員が良い職場を主体的につくれるよう、管理者にはやらなければならないことがあるのです。

　例えば、担当の利用者のケアプランについて、十分な説明ができ

ず、内容について理解しきれていない直行直帰の訪問介護を行う職員にどのようにすれば、やりがいをもって働いてもらうことができるでしょうか。利用者や利用者の家族から攻撃的な態度や苦情を受けた職員に「役に立っている」と実感してもらうにはどうすればよいでしょうか。職場では、本人へのフィードバックが必要となってきます。本人の特性を理解することが重要ですが、明日からでも始められる簡単なことがあります。上司から「大変な状況で対応してくれて、ありがとう」のひと言をまずはきちんと伝えることです。

【図表4-1-1】メンタルヘルスとは

WHOの定義：以下を含む"良い状態"

①自己理解→自分を知る

②ストレスへの対処→ストレスと上手につきあえる

③働くこと→やりがいをもって働ける

④周囲への貢献→人の役に立っているという実感をもつ

2 ストレス対処への第一歩 〜自己理解〜

　これまで述べてきたとおり、介護・福祉職はその職業の特性として他者への理解力が求められるものでありますが、それは利用者に対してのものであり、職場や自分自身に対するものとしては十分に活用されていないようです。

　自己理解は、自己の特性を理解することになり、ストレスへの対処法を考えるうえでも大変重要です。今、自分は疲れているのか、気分はどうか、など今の自分の状態を知ること、自身の性格、感じ方・考え方の傾向、価値観などを理解しておくことでストレスへのさまざまな対処法を考えることができ、応用することもできるのです。ストレスの対処法はたくさんあったほうがよいですし、その時々に応じて柔軟に使いこなしたいものです。自己理解は、ストレスと上手につきあうための第一歩です。

　自己理解には、いくつかの方法があります（図表4-2-1）。簡単にいつでもできるのは、自分自身で振り返りをすることです。ただし、少し客観性に欠けるところもあるかもしれません。そこで、他人の話を聞くという方法もあります。これは、信頼関係も大切になります。そして、もうひとつが客観的指標を参考にするというものがあります。いわゆるストレスチェックシート（ストレス診断票）といわれるものです。この意味でも、今回、決定した（2015年12月頃までに施行予定）ストレス診断の義務化は各事業所で冷静な判断と議論が必要となります。

　自己理解をするための1つ目の方法で、自分自身で振り返るとい

【図表4-2-1】自己理解の方法

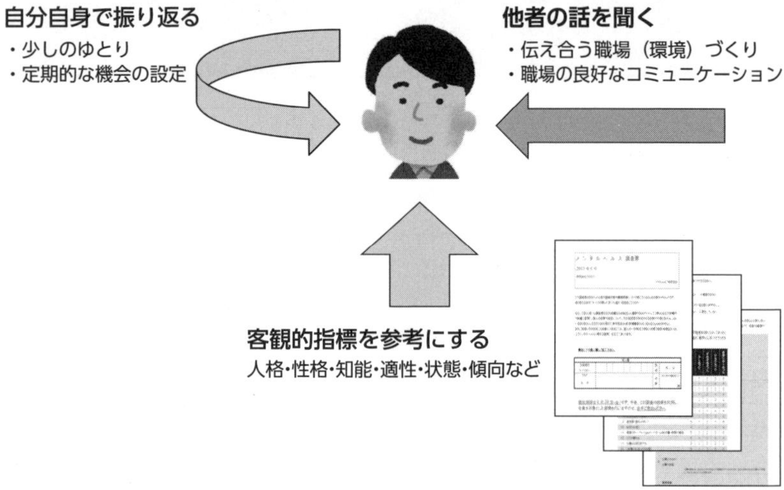

自分自身で振り返る
・少しのゆとり
・定期的な機会の設定

他者の話を聞く
・伝え合う職場（環境）づくり
・職場の良好なコミュニケーション

客観的指標を参考にする
人格・性格・知能・適性・状態・傾向など

【図表4-2-2】自分の特徴の整理

① (自分の) 特徴の説明
　・あなたの特技、特記すべき経験、強み、売り
　・活躍させてほしい状況：「こんな時」に「こんな場所」で……

② (自分の) 上手な使い方
　どのように扱ってもらえたら、パフォーマンスが十分発揮できるか

③ (自分の) 取り扱いに注意が必要なところ

④ (自分を) 上手にお使いいただくための留意点
　・自分が調子が悪いとき、どんな状態になるか
　・どんな出来事、どんな状況だとそのような状態になるか
　・(現在) どんなふうに対処しているか
　・(今後) どんなふうに周囲に対応してほしいか
　　　自分ではどんなふうに手入れするか

うことがありましたが、例えば、**図表4-2-2**にあるような自分の特徴の整理をしてみることもかなり有効な手段となります。年に2回くらいは整理してみてはいかがでしょうか。

　自己理解の方法、2つ目、他人の話を聞く際には、先ほど自分自身で振り返った内容を自己開示に使って、他人からのフィードバックを受け取ることをやってみましょう。

【図表4-2-3】ジョハリの窓

		自分で	
		わかっている	わかっていない
他人が	わかっている	開放の窓 「公開された自己」	盲点の窓 「自分は気付いていないものの、他人からは見られている自己」
	わかっていない	秘密の窓 「隠された自己」	未知の窓 「誰からもまだ知られていない自己」

　図表4-2-3「ジョハリの窓」を使ってみることが有効かもしれません。

　「ジョハリの窓」は、対人関係における自己開示、コミュニケーション、気づき、自己理解などの説明に使われています。

　自分には4つの領域が存在すると考えます。
・開放の窓：自分も他人も知っている自分
・盲点の窓：他人は知っているが、自分は知らない自分
・秘密の窓：自分は知っているが、他人は知らない自分
・未知の窓：自分も他人も知らない自分

「開放」の窓が広がれば、コミュニケーションが良くなります。自分が相手に自己開示すると、相手は自分のことをより知るようになります。また、自分の話を聴いたり、自分の様子を見た相手が、感

じたことを自分に伝えられると、その言葉を聴いて、「そのように受け取られているのか」「そう見えているのか」と気づくことがあります。「盲点」の領域にあるものの気づきです。この2つの方法で「開放」の窓が広がります。

【図表4-2-4】ジョブ・ストレス・スケール

この3か月の間で、あなたが困ったことや嫌なことに対して、以下にあげる考え方や行動をどの程度とりましたか？ 例にしたがって、あてはまる数字に〇印をつけてください。

		しなかった	少しした	かなりした	よくした
例	早く寝た	1	2	3	4
1	自分の過去の経験を参考にした	1	2	3	4
2	しばらくの間その問題から遠ざかった	1	2	3	4
3	自ら積極的に行動した	1	2	3	4
4	その状況を客観的に見ようとした	1	2	3	4
5	問題点を明確にしようとした	1	2	3	4
6	人に助けを求めた	1	2	3	4
7	「その問題は重要ではない」と自分に言い聞かせた	1	2	3	4
8	その問題以外のことで忙しくした	1	2	3	4
9	問題をひとつひとつ片付けた	1	2	3	4
10	その分野の専門家に相談した	1	2	3	4
11	その状況についてさらに調べた	1	2	3	4
12	どうすることも出来ず状況に身をまかせた	1	2	3	4
13	その問題を解決することだけに集中した	1	2	3	4
14	その状況をあるがままに受け入れた	1	2	3	4
15	似た経験を持つ人に相談した	1	2	3	4
16	ひとりの時間を大切にした	1	2	3	4
17	様々な解決方法を試した	1	2	3	4
18	計画を立てそれを実行した	1	2	3	4
19	何もせずに状況が好転することを期待した	1	2	3	4
20	この状況は変えられないと思った	1	2	3	4
21	自分の置かれた状況を人に話した	1	2	3	4
22	時の流れにまかせた	1	2	3	4

〈1、3、4、5、9、11、13、17、18の合計得点〉　　　　点　A
〈6、10、15、21の合計得点〉　　　　点　B
〈2、7、8、12、14、16、19、20、22の合計得点〉　　　　点　C

このように「自己開示」と「フィードバック」をすることによって、「開放」の領域が広がります。結果として自己理解が深まります。その過程で、自分も相手も知らなかったことに気づくことがあります。それは「未知」の領域の「気づき」ということです。

このジョブ・ストレス・スケール (図表4-2-4) は、自身のストレス対処法を考えるうえで活用できる簡易なツールです。その対処方法が良いとか悪いではなく、自分の対処法の特徴を知り、そして他人の特徴も知り、職場のなかで必要に応じて使い分けることが管理職者にとっては必要です。

このスケールの結果は点数の合計で3つのタイプに分けることができます (図表4-2-5)。

A→問題解決型
B→相談型
C→問題先送り型

【図表4-2-5】あなたはどのタイプ？

A→問題解決型	36点満点 女性平均19点／男性平均22～23点
B→相談型	16点満点 女性平均9点／男性20代・30代＝9点 　　　　　　　　　　40代＝8点 　　　　　　　　　　50代〜＝9点
C→問題先送り型	36点満点 女性平均17点／男性平均15～16点

皆さんは自分がどのタイプかわかりましたか。また、職員の皆さんがどのタイプか把握することも有効なことでしょう。ストレス対処の方法は、ひとつではなくたくさんあるほうがよいといわれています。そして、その方法はその時々に応じて柔軟に使いこなすことが必要です。

　例えば、介護・福祉現場ではさまざまな課題を抱えていますので、時にはミスや事故も発生します。そんな折によくある上司の対応パターンは「とんでもないミスをしてくれたものだ！」「職員全員が明日までにその原因と解決策を各自考えてこい！」と怒っている状況です。

　このミスや事故も大きなストレス要因ですので、職員各自が何らかのストレス反応を起こすことでしょう。または、何かのストレス反応がミスになった可能性もあります。このような時に、できる上司は「まず、何が問題（原因）であったのか、短時間に考えつくだけ出してみよう」「また、専門家や他の事業所の人にも相談してみよう」と提案し、そして、業務終了時間と共に、「よし、今日はこれで終わりにしましょう」「職場から出たら、すべて忘れてゆっくり休んで、明日また、出勤したらいっしょに問題解決に向けて議論しよう」と、メリハリをつけて職員の能力を十分に発揮させているようです（図表4-2-6）。

【図表4-2-6】職場内の相互支援

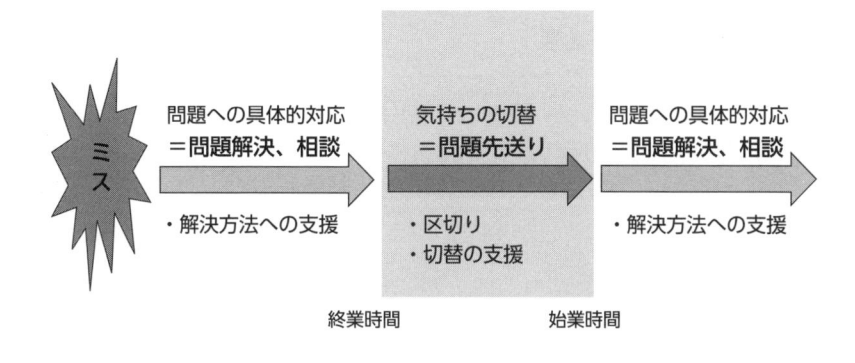

ミス → 問題への具体的対応＝問題解決、相談 ・解決方法への支援 → 気持ちの切替＝問題先送り ・区切り ・切替の支援 → 問題への具体的対応＝問題解決、相談 ・解決方法への支援

終業時間　　始業時間

　もう一度まとめておきます。
　自己理解は、ストレス対処の第一歩でありとても大事なことです（**図表4-2-7**）。自己理解とは、自分の今の状態を知ること、自分の特徴を知ることです。
　今国会で可決された労働安全衛生法改正はストレス診断の義務化というメンタルヘルス対策の要となる重要な事項です。事業所のなかでしっかりと議論をして、専門機関にも相談をして、業種、事業所に合った適切な内容のものを取り入れることをお勧めしておきます。

【図表4-2-7】ポイント！

なぜ自己理解が大事？
自分の状態を知る（今）
　→疲れているか、健康は？気分は？
自分の特徴を知る（今まで）
　→性格、感じ方、考え方の傾向、価値観など

⬇

ストレスと上手につきあうための第一歩

3 管理職者の立場で考える メンタルヘルス対策のポイント

　全体的な理解が深まってきたら、ここでは管理職者の立場で考えるメンタルヘルス対策のポイントを整理します。

　まずは、何はさておき、管理職者の皆さんの健康管理が重要です。

　私は、多くの介護・福祉事業所で、利用者のために、そして職員のために一生懸命働く管理職者を見てきました。そして、健康を害さずにいつまでもお元気で活躍されている方と、逆に、残念ながら介護職としての道をあきらめざるを得なくなった方とその道は大きく2つに分かれていきました。一般的な管理職者の統計データですが、管理職者へのアンケート調査では、「仕事や職業生活に関する強い不安、悩み、ストレスを持つ人の割合」が全体では、58.0％となっていますが、管理職では61.8％と平均を上回る（ちなみに男性・40代は65.5％と最高）という結果があります。

　ですから、まず、部下のストレス・マネジメントも大切なのですが、事業所の中心に立ってマネジメントする管理職者の自分自身のセルフケアはもっと大切なのです。皆さんが倒れてしまっては、事業所が成り立ちません。

　セルフケアで、まず必要なことは自己理解ですが、それは十分に説明しましたので、それに加えて、以下の3つに気をつけていただきたいところです。

①生活習慣の変化に気をつける
②まじめ、几帳面、仕事好き、気を遣う、という人は自分自身に要注意
③時には人の助けも借りる

【図表4-3-1】セルフケア＜生活習慣を振り返る＞

あなたのここ1か月の生活習慣を振り返り、次の質問に回答してみましょう（○か×で評価）。

項目	質問	チェック
休養・睡眠	睡眠は十分に取れていますか？ （十分＝日中眠気がなく、仕事に支障をきたさない程度）	
運動	定期的に運動する機会がありますか？ （週1回以上、30分以上。または日常で運動する機会を増やしている）	
食事	毎日3食規則的に食べていますか？ （夕食が遅すぎる場合も×）	
リラクセーション	週に1回以上、仕事を忘れる時間がありますか？	

上表に挙げた項目は仕事中心の生活だと、犠牲になりがちです

　まずは、この図表4-3-1で定期的（月1回）に生活習慣を振り返りましょう。休養・休眠では、十分というのは日中、眠気がなく、仕事に支障をきたさない程度のことをいいますので、何時間以上ということではありません。また、運動は週1回以上、30分以上ですが、ふだんから一駅歩く努力をしているなどでも十分です。食事は、夜だけとても遅いとか、面倒なのでおにぎり1個だとか、朝食は食欲がないのでコーヒーだけとかは、毎日3食規則的にということにはなりません。また、リラクセーションはマッサージということではなく、週に1回以上仕事を忘れる時間を指します。これらは、仕事中心であればあるほど、犠牲になりがちですので定期的なチェックをして気づいて切り替えや調整を心がける必要があります。

　また、几帳面な性格、介護・福祉の仕事が好きという人も多く、より注意が必要です。何よりも、時には人の助けも借りることが必要です。管理職者は映画に出てくるようなスーパーマンである必要はありません。自分のことも、職員のことも上手くマネジメントができることが重要なのではないでしょうか。

　さて、自分自身のセルフケアができていれば、次は管理職者によ

る職員のケアの方法を理解してください。

　対応の肝となるのは「早期発見と初期対応」ですが、そのための重要なポイントは、実は「日頃の風通しの良い職場環境と管理職者としての相談対応」にあります。

　まず、すべてのメンタルヘルス対策の手引きに書かれていることは、相談体制の構築です。しかしながら、ここで勘違いしてはいけないのが、安全配慮義務の履行責任者である上司が、そのままカウンセラーとしての立場になって、体制を整えることは困難です。職員や職場が抱える個別の問題を把握して、適切な支援につなぐ一連の活動が相談ですので、管理職者はやるべきことをやっておくというスタンスが必要です。

　そこで、具体的な方法は以下の4つの行動ということになります。

Step 1 「気づく」ポイント

　気づくポイントは、一目で気づくことは難しいので、日頃から周囲の職員を観察してその特徴や状態を一定に把握しておくことです。そのためには、少しでも部下である職員と話す時間をつくることです。

①いつもと比べて元気がなく、表情が乏しい。
②いつもと比べて口数が減る。→ 平常時からの変化に気づく
③いつも怒らなかった人が、怒り出す。
④報告、連絡、相談の回数が減る。
⑤ミスが増える。
⑥遅刻、早退、欠勤が増える。特に月曜や連休明け。
⑦周囲との交流を避ける。
⑧酒量が増える。飲酒上の問題を起こす。

Step 2 「声かけ」のポイント

　声かけのポイントは、何か変化に気づいた瞬間に、まず一声「どうしたの？　何かあったのですか？」と声をかけます。それで終わりにしてしまうと、職員からは何の相談も入りません。そのために、さらに一声かけます。「何かあったら、声をかけてください」という具合です。この一声がどうにもならなくなって相談しようと決心した時に、皆さんのところへ導くことになるはずです。

① まずは、一声
　「どうした？何かあったのか？」
② さらに、一声
　「何かあったら、声をかけてくれ」

Step 3 「聴く」ポイント

　次に、相談に来た時には「聴く」ということになります。この「聴く」は「聞く」と異なり、注意をもって相手のいうことを親身にうかがうということです。そこで、ポイントは以下の2つです。忙しい日々の業務のなかで管理職者は大変ですが、ぜひとも心がけてください。

① 人が相談したいと思っているときを逃さない。
　「そのうち」ではなく　「その日のうち」に。
② どうしても時間が取れないときは、「何が問題になっているか」
　だけでも聴く姿勢をとる。

Step 4 「つなげる」ポイント

　聴いた後には、状態によっては医療機関へ受診を促すことや、専

門の相談機関との契約があれば、その相談を進めるなどの「つなげる」ことが必要です。

　この時に多くは「病気みたいだから病院へ行きなさい」などですが、これではまず誰も行くことはできません。そこで、以下のとおりのポイントを理解しましょう。

①まずは本人の話を最後まで聴く。
②仕事ぶり（パフォーマンス）の変化を指摘しつつ、
　・「これからも力を発揮して欲しいので」
　・「長く仕事を続けて欲しいので」
　・「心配なので」
　　→「相談してみてはどうか」と勧める。

　また、専門機関や医療機関につなぐ際には、**図表4-3-2**にあるように具体的な技巧を伝えるようにしてください。特に病気かどうかの判断は医師の仕事ですので、そこでは、職場で問題となっている本人の行動や言動（その変化）を伝えることで、その後の治療や復職支援時にも良好な方針が出る可能性が高いと言えます。

　管理職者の対応の重要性にはもうひとつ組織的な理由があります。例えば、職員の個別の問題について正しく把握できていないために、適切な支援につなぐことができなかったという場合を想定すると、その問題の結果、メンタルヘルス不調に陥った場合、その事業所としては、安全配慮に欠ける（安全配慮義務を怠った）ということになってしまう可能性が高いのです。判例では病院の事件を取り上げましたが、その他全国には多くの介護事業所の和解や判例もありますので、注意が必要です。

【図表4-3-2】「つなげる」ポイント　どのように専門家に伝えるか？

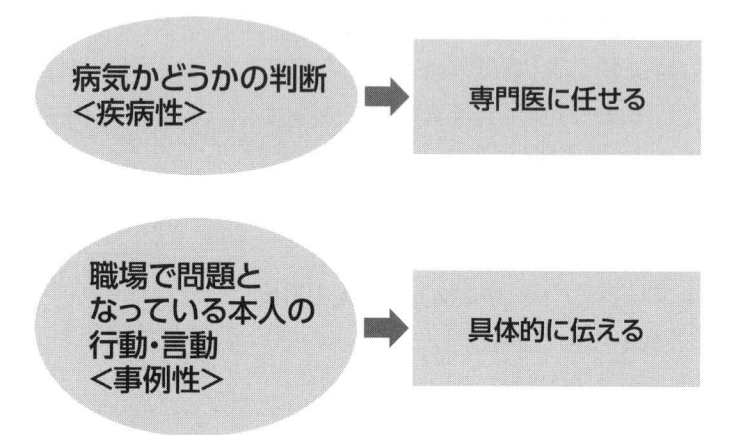

| 病気かどうかの判断　<疾病性> | → | 専門医に任せる |

| 職場で問題となっている本人の行動・言動　<事例性> | → | 具体的に伝える |

　いずれにしても、メンタルヘルス対策には多くのアプローチ方法があり（図表4-3-3）、すべてを一度に行うことは現実的ではありません。それぞれの事業所には特徴があり、現状も異なるはずですので、それぞれに適した内容を選択することをお勧めします。メンタルヘルス調査（ストレス調査＋職場環境調査）には、介護・福祉事業専用に開発されたもの（「ゲート・ウェイ」巻末資料）もありますので、それを選択することも非常に有効な方法です。

【図表4-3-3】専門機関によるメンタルヘルス対策支援サービス（産業臨床活動）の内容別分類

個人向けの対応（支援）	心理社会的・医学的アセスメント	相談者のニーズ、問題や症状の聴き取り、職場や生活環境、性格、人間関係、適応状態の評価、対応方法の見立て
	ケースワーク	相談者の職場適応の援助、上司・人事労務担当者・健康管理スタッフ・家族等との連携
	短期解決型カウンセリング	職場適応援助を目的とした短期間のカウンセリング
	上司へのコンサルテーション	問題を抱える部下の上司へのコンサルテーション上司による早期発見・早期対応の支援
	医療機関の紹介	医療機関との関係作り、連携、フォローアップ
組織的な取り組み	メンタルヘルスのシステム作り	心の健康づくり計画の策定への参加、相談窓口の整備、メンタルヘルス・ガイドラインの作成
	教育・研修	管理監督者や一般従業員への教育・研修の実施、相談窓口のＰＲ、研修の効果評価
	メンタルヘルス（ストレス）調査	うつ病などの精神疾患の早期発見、調査結果による、職場環境改善対策の実施
	組織へのフィードバック	上司・人事労務担当者へのコンサルテーション、上司・人事労務担当者・健康管理スタッフ等との連携
	緊急事態および災害時の心のケア	事故、労働災害、労働者の自殺等の後の緊急対応、対応方針や手順等を記したガイドラインの作成
	メンタルヘルス活動の効果評価	安全衛生活動の一環としての評価と改善計画作成
職場復帰支援	①病気休業期間及び休業中のケア	
	②主治医による職場復帰可能の判断への面接資料提供	
	③職場復帰の可否の判断及び職場復帰支援プランの作成	
	④最終的な職場復帰の決定	
	《職場復帰》 ⑤職場復帰後のフォローアップ	

4 介護福祉の職場におけるストレス対策の意義

　介護・福祉の職場におけるストレス対策は、個人のストレス対策ということばかりではなく、実は組織的に大きな意義をもっています。やはり、サービスの質の維持・向上は、職員および職場全体の健康状態に大きく影響を受けます。その意味でも職員の健康に留意したマネジメントを実施して、安全配慮（健康配慮）は当然のことながら、健康経営を目指すことをお勧めします。

　また、組織運営上のリスクマネジメントとしてとらえることも重要ですし、何よりもその地域の介護・福祉を担う事業所として信頼されるという観点からも大切な対策と考えてください。その意味では、決して経費を圧迫するものではなく、経営を維持発展させるための投資であると考えてください。ストレス対策をメンタルヘルス対策として捉えると、以下の通り、大きく4つに分けて考えることができます。

①**予防**
- 職場風土（環境）の改善
- 忙しい、人員不足は理由になりません。
- 職員間相互の信頼関係の構築、コミュニケーションの活性化→相互サポート体制のある職場

②**対応**
- 安全配慮義務の実行者である管理監督者の教育（定期的な研修）
- 不調者対応と職場（周囲）への配慮についての管理監督者への支援（相談窓口の設置）

- 不調者本人が相談しやすい職場環境づくり（定期的な研修やワークショップ）
- 最後に、メンタルヘルス調査（ストレステスト・心の健康診断）
- 職場復帰支援体制の構築（専門機関との提携）

③**手続き**
- 就業規則の見直し
- 職場ルールの見直しと明文化
- 休転～復転のルール・基準作り

④**備え**
- キャリアプランおよび人材育成の手法等の見直しと明文化
- 専門機関との提携
- いざという時の補償の見直し（保険）や新たな制度導入

　メンタルヘルス対策についての誤解は、うつ病は「心の風邪」といわれるところにあります。誰でも罹患する可能性があるという意味では正解です。しかし、専門医はうつ病は「複雑骨折：大腿部頸部骨折または粉砕骨折」ですといいます。要するに、治療後にはリハビリが必要ということです。

　ですから、「メンタルヘルス対策」は組織が取り組まなければならない課題であり、個人の問題ではないということになります。大きく4つの対策（図表4-4-1）があると考えて、それぞれの事業所の現状に合わせて、優先順位を考え、計画（3か年、5か年等）的に実行できる環境づくりが組織トップの役目となります。

【図表4-4-1】メンタルヘルス対策

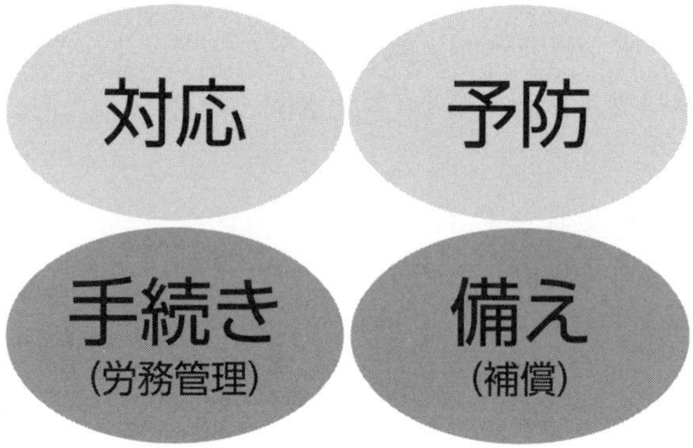

- 対応
- 予防
- 手続き（労務管理）
- 備え（補償）

column4

上司が話を聞く機会をもてず不調を見逃してしまったケース

● 訪問介護事業所 職員Dさん 42歳女性・ホームヘルパー

　訪問介護事業所の常勤ホームヘルパーとして勤務するDさん。短大卒業後、地元の信用金庫に勤めていたが、7年前に父親に介護が必要になったのを機に退職。父親が亡くなるまで2年間介護したことがきっかけで資格を取り、4年前から現在の訪問介護事業所で働き出した。

　Dさんは、どちらかというと無口で、愛敬を振りまくようなタイプではない。働きぶりはいたってまじめで、訪問先の利用者や家族の評判は好評だった。

　その一方で、事業所の所長は、何となくDさんが「訪問先を選んでいる」というような印象をもっていた。さらにDさんは、一定以上の件数を担当しようとしない傾向があった。所長は「他に仕事をしているわけではなく、働き盛りで健康なのだから、もう少し担当数を増やしてもらいたい」と思っていたが、訪問先の評判も良いことから特に話をすることはなかった。

　ところが、この事業所に所属していたベテランのホームヘルパーで、比較的多くの担当をもっていた2人が、やむを得ない理由で退職。人員配置に困った所長は、Dさんに担当を増やしてほしい旨、やや強い調子で依頼した。Dさんは困った顔でため息をついたが、事業所の状況が厳しいということも理解しており、最後には緊張した面もちで担当を増やすことに同意した。

それから数か月経った頃、所長はDさんのホームヘルパー仲間のYさんから、「Dさんに元気がないが、大丈夫だろうか」と報告を受けた。所長は少し気になって様子を見ていたが、もともと口数の少ないDさんの様子は特に変わりなく見えたため、いつもどおりの対応を続けていた。

　ところが、その1か月後には、他のホームヘルパーからDさんの様子が心配だという報告を受け、所長は改めて注意して様子をうかがった。しかし、特に変化が感じられず、声をかけようと思いながらも、その機会がないままに時間が過ぎてしまった。

　それから10日ほど経ったある日、Dさんが担当している利用者を訪問したケアマネジャーは、利用者から次の話を聞いた。

「最近、Dさんは大丈夫かね。前だったら、何も言わなくてもきちんとやってくれたんだよ。でも最近は、何だかぼーっとしちゃって……。この前は茶碗を落として割っちゃって、その後は気の毒になるほど、泣きながら謝ってたよ。その次も落ち込んでる様子で、こっちが心配でまいっちゃうよ」。

　これを聞いたケアマネジャーは驚き、さっそく事業所に問い合わせたが、茶碗を割った件は報告されていなかった。その日の訪問先から帰ってきたDさんに所長が事実関係を尋ねると、Dさんは特に慌てた素振りもなく、茶碗を割った件を素直に認めた。そして特に表情も変えずに謝ったが、それが面倒くさがっているように見えた所長は、Dさんを叱責。Dさんは無言でうつむき、それきり何も言わなくなってしまった。

　翌日、Dさんは体調不良を訴え、欠勤。翌々日には「うつ病により2か月の休職を要す」との診断書が出され、休職となってしまった。

> Key Point!
>
> ## 個々の職員の特徴を把握し
> ## 変化を見逃さない努力を

　このケースのポイントは、所長が最後にDさんを叱責してしまったことでしょうか。そうではありません。確かにそれは欠勤の引き金にはなっていますが、それ以前に複数の「気づきと対処のポイント」がありました。

　まず、他の職員からDさんの変化について2度も報告がありましたね。この時点で声をかけ、話を聞いていたら、別な結末があったかもしれません。また、それ以前に、Dさんに担当を増やす依頼をした場面で、Dさんの態度に何か気づくべきところはなかったでしょうか。Dさん本人は担当数を増やすことに不安を感じていた可能性は大いにあります。

　さらにもう一歩進んで、Dさんが「訪問先を選んでいるような印象」「一定以上の件数をもとうとしない」ことが、一体何を意味しているのかを考える必要がありそうです。どうやらDさんは控えめなタイプで、自分の気持ちや思いを表現するのが得意ではないようですから、そういう人が仕事を選び、量を制限することにどのような意味があるのか、話を聞かなかったことは望ましくないことだったのではないでしょうか。

　組織的メンタルヘルス・マネジメントの視点から考えると、所長はDさんに対し、4年間にわたる放置状態を続けていたと言ってよいでしょう。

　事業所としては、それぞれに特徴をもったさまざまな職員に働いてもらうのですから、それぞれの職員の特徴とその時々の状態

第4章　メンタルヘルスの理解とケア

を把握しておきたいものです。特に訪問介護事業者は、直行直帰の多いホームヘルパーの状態を上手に把握するために、一層の努力と工夫が必要でしょう。

第5章

組織で取り組む
メンタルヘルス対策

1 基本的な考え方を より明確に理解するために

　職場のメンタルヘルス対策は、単に精神的に不調な職員の発見や、初期対応から休職・復職の対応、そして退職の手続きなど、不調な職員への一連の対応の流れのように理解されてしまうこともあります。しかしながら、そのような労務管理的な側面の対応だけがメンタルヘルス対策ではありません。

　職場環境の状況を把握しながら、組織の理念を取り入れた職場づくりを推進するなどの適切な対応をする組織的な側面が非常に重要です。また、その取り組み自体が人材確保に直結し、組織のあらゆる活動を維持し、より高い質を備えた活動へと発展させるための基盤になるのです。では、実際にどのような視点で現在の状況を把握すればよいか紹介しましょう。

2 職場のメンタルヘルスの現状を整理する

　まず、筆者が経営者や管理職の皆さんに組織のメンタルヘルスの現状（あなたの組織の職場環境）をお聞きする際に、ただ漠然と「どのような状態ですか」と尋ねても、正確な答えは返ってきません。そこで、表のように投げかけて現状を整理していきます。
(A)「あなたの組織では、さまざまな課題（プライベート・職場）を抱えながら仕事をしている職員の仕事ぶり（パフォーマンス）に変化を感じたときに、現状では、誰（部署）がどのような対応をしていますか？」
(B)「あなたの組織では、課題を抱える職員を持つ上司がどのような対応をしていますか？また、周囲の職員はどのような対応をしていますか？」
など(A)～(F)の現状把握のための質問をさせていただきます（図表5-2-1）。この質問への回答からA～Fまでの各項目における現状整理ができあがります。この現状整理を基にして組織の特徴や経営者・管理職者のニーズも把握し、最終的な課題(a～f)の抽出につながります。

　ここですべてを紹介することは困難ですが、たとえば(A)問題を抱える本人の対応の現状では、上司である管理職者（施設長まで）が問題の把握をして対応するという現状が介護事業所では多くみられます。そのなかには、各部署（フロアーやユニット）で管理職者が対応しきれず、最悪な状況としては放置されている状況があります。また、とりあえず対応しているが、本人の個別の問題を正確に把握できておらず、適切な援助に結びついていない状況はかなり多

く発生しています。

　このような現状把握（A）ができると、さらに管理職者の要望の把握ができます。例えば、労務管理的な役割までは何とか対応するが、職員の抱える個別の課題を正確に把握して適切な対応をするという専門的な業務は困難なので組織として何とかしてほしいという要望などです。このような状況把握から「個別の課題を抱え仕事ぶり（パフォーマンス）が変化している職員に対する正確な問題把握から適切な援助という一連の流れをつくる」「専門的な問題解決への補強」という2つの課題（a）をまとめることができます。

【図表5-2-1】メンタルヘルス対策のための現状整理表

メンタルヘルスの領域	取り組み項目	現状	課題
個別問題への対応	（A）問題を抱える本人への対応	A'	a
	（B）上司・職場を含めた対応	B'	b
	（C）医療機関との連携等	C'	c
組織的な取り組み	（D）仕組みづくり	D'	d
	（E）研修・メンタルヘルス調査	E'	e
	（F）効果評価	F'	f

3 | メンタルヘルスの4つの留意点

　このように現状把握から組織としての課題が整理できれば、メンタルヘルス対策はかなり具体的な取り組みとなり、職場の課題解決に期待が持てるはずです。

　こうした状態になれば、メンタルヘルス対策を適切かつ効果的な取り組みとするために、厚生労働省の「職場における心の健康づくり～労働者の心の健康の保持増進のための指針～」(http://www.mhlw.go.jp/new-info/kobetu/roudou/gyousei/anzen/101004-3.html)に記載されている内容をしっかりと理解しておく必要が出てきます。では、その内容を紹介しながら、組織としてどのように導入・推進していくべきかを説明しましょう。

　その指針には、メンタルヘルスケアの基本的な考え方や対策の導入、そして進め方まで丁寧に解説されています。特に、基本的な考え方の冒頭には「事業者は、自らが事業場におけるメンタルヘルスケアを積極的に推進することを表明するとともに、十分な調査審議を行い、心の健康づくり計画を策定する必要がある」という内容が書かれています。

　これは、メンタルヘルスが個人的な問題ではなく、組織として取り組むべき問題であることを明確にしています。さらに、基本的な考えのなかで4つの留意点（図表5-3-1）について触れています。すべてが重要なものですが、特に「心の健康問題の特性」については、「その問題の評価の難しさ」「発生過程の個人差と程度の相違」が存在するため、そのプロセス把握が困難であること。すべての労働者が抱える心の問題を可能性があるにもかかわらず、その問題を抱え

る労働者に対して「健康問題以外の観点から評価が行われる傾向が強い」という問題を指摘して正しい理解を求めています。

　実はこの特性の理解が、職場のなかで職員同士が助け合う職場づくりのために必要不可欠な第1ステップであり、その他3つの留意点「労働者の個人情報の保護への配慮」「人事労務管理との関係」「家庭・個人生活等の職場以外の問題」に関する適切な理解とともに進める取り組みがメンタルヘルス対策なのです。

　例えば、ある職員にとっては他愛もない出来事であっても、他の職員には重大と感じる出来事もあります。また、一生懸命取り組んだつもりでも結果が出ない職員がいる一方で、同じような取り組み

【図表5-3-1】メンタルヘルス対策における4つの留意点

心の健康問題の特性	労働者の個人情報の保護への配慮
心の健康については、その評価は容易ではなく、さらに、心の健康問題の発生過程には個人差が大きいため、そのプロセスの把握が困難です。また、すべての労働者が心の問題を抱える可能性があるにもかかわらず、心の健康問題を抱える労働者に対して、健康問題以外の観点から評価が行われる傾向が強いという問題があります。 【指針：2-①】	メンタルヘルスケアを進めるに当たっては、健康情報を含む労働者の個人情報の保護及び労働者の意思の尊重に留意することが重要です。心の健康に関する情報の収集及び利用に当たっての、労働者の個人情報の保護への配慮は、労働者が安心してメンタルヘルスケアに参加できること、ひいてはメンタルヘルスケアがより効果的に推進されるための条件です。【指針：2-②】

留意事項

人事労務管理との関係	家庭・個人生活等の職場以外の問題
労働者の心の健康は、体の健康に比較し、職場配置、人事異動、職場の組織等の人事労務管理と密接に関係する要因によって、より大きな影響を受けます。メンタルヘルスケアは、人事労務管理と連携しなければ、適切に進まない場合が多くあります。 【指針：2-③】	心の健康問題は、職場のストレス要因のみならず家庭・個人生活等の職場外のストレス要因の影響を受けている場合も多くあります。また、個人の要因等も心の健康問題に影響を与え、これらは複雑に関係し、相互に影響し合う場合が多くあります。【指針：2-④】

をして大きな成果を挙げる職員もいます。これらの結果を個人的な側面（例：個人の性格ややる気の問題等）だけで判断してしまうと、事業所の理念に描かれているような「個性や価値観を認め合い助け合い共生できる社会（職場）」とはかけ離れてしまいます。

　ですから、介護事業所もメンタルヘルスへの積極的な参加により、個々の問題を正確に把握して評価し、問題解決に向けた適切な支援につなぐことのできる一連の流れをつくることが組織としてとても大切な役割なのです。

　メンタルヘルスの４つの留意点の２番目に、労働者の個人情報の保護への配慮として「メンタルヘルスケアを進めるに当たっては、健康情報を含む労働者の個人情報の保護及び労働者の意思の尊重に留意することが重要です。心の健康に関する情報の収集及び利用に当たっての、労働者の個人情報の保護への配慮は、労働者が安心してメンタルヘルスケアに参加できること、ひいてはメンタルヘルスケアがより効果的に推進されるための条件です」と書かれています。これは実際のメンタルヘルス対策を実施するなかでも、個別問題の正確な把握と適切な支援という一連の流れをつくる際にとても気を使う事柄です。また、上司・職場を含めた対応、医療機関との連携においても必ず出てくるものですので、専門的な対応が必要不可欠なのです。

　留意点の３番目には、人事労務管理との関係として「労働者の心の健康は、体の健康に比較し、職場配置、人事異動、職場の組織等の人事労務管理と密接に関係する要因によって、より大きな影響を受けます。メンタルヘルスケアは、人事労務管理と連携しなければ、適切に進まない場合が多くあります」と書かれており、組織内の人事労務管理との連携を訴えています。その意味で、人事関連部署への負担も大きくなる可能性が出てくるというわけです。

4番目に、家庭・個人生活等の職場以外の問題として「心の健康問題は、職場のストレス要因のみならず家庭・個人生活等の職場外のストレス要因の影響を受けている場合も多くあります。また、個人の要因等も心の健康問題に影響を与え、これらは複雑に関係し、相互に影響し合う場合が多くあります」と書かれており、職場以外の問題であっても、それが職場での仕事に影響を及ぼしていることも多く、その個人の要因等に影響された職場での行動によって、さまざまな問題が発生することもあるので、問題の正しい把握はもちろん、適切な支援が必要不可欠であることを明確にしています。

4 職場復帰支援の流れ

　職場復帰支援については、厚生労働省が出している小冊子「職場復帰支援の手引き」の1ページ目に職場復帰支援の流れが記載されています（図表5-4-1）。

【図表5-4-1】職場復帰支援の流れ

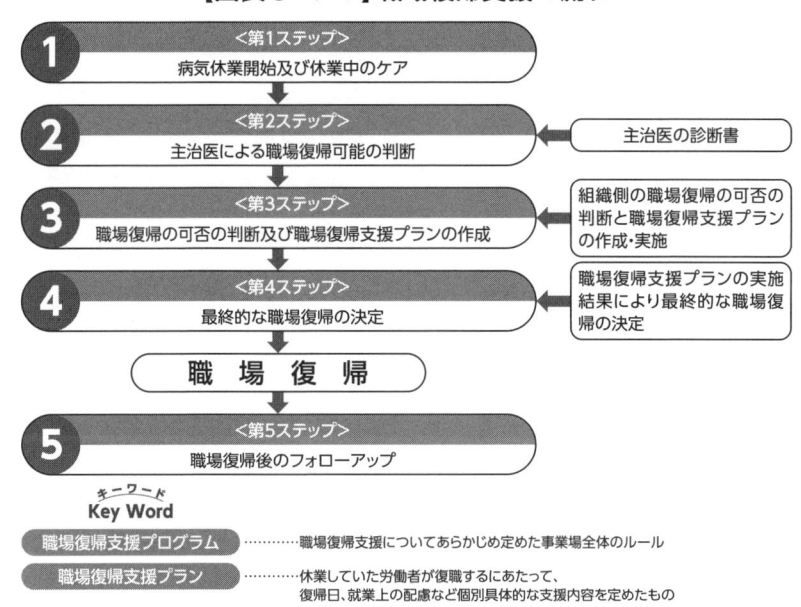

1. <第1ステップ> 病気休業開始及び休業中のケア
2. <第2ステップ> 主治医による職場復帰可能の判断 ← 主治医の診断書
3. <第3ステップ> 職場復帰の可否の判断及び職場復帰支援プランの作成 ← 組織側の職場復帰の可否の判断と職場復帰支援プランの作成・実施
4. <第4ステップ> 最終的な職場復帰の決定 ← 職場復帰支援プランの実施結果により最終的な職場復帰の決定

→ 職場復帰

5. <第5ステップ> 職場復帰後のフォローアップ

Key Word
- 職場復帰支援プログラム……職場復帰支援についてあらかじめ定めた事業場全体のルール
- 職場復帰支援プラン……休業していた労働者が復職するにあたって、復帰日、就業上の配慮など個別具体的な支援内容を定めたもの

　国がこのように明確な指導しているということを、事業所としても理解しておくべきでしょう。ここでは、主治医からの復職可の診断書は、あくまでも第2ステップでしかないのです。それを受け取った事業所は、事業所の定める復職の条件を満たすパフォーマン

スがあるかどうか、その職員に合わせた「復職支援プログラム」の実施をして様子を見ることが必要となります。その結果をもって、最終判断するのは事業所です。もちろん、産業医、専門機関、衛生委員会の意見や同意を取り付けることも必要な手続きです。

休職をしてから、復職までは、**図表5-4-2**のようなプロセスが必要となります。「うつ病」は心の風邪ではなく、複雑骨折くらいの感覚という理由はここにあります。

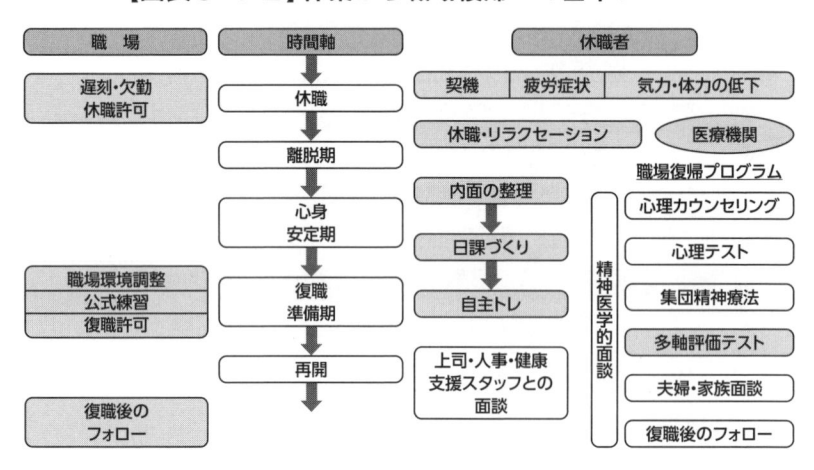

【図表5-4-2】休業から職場復帰への基本フロー

職　場	時間軸	休職者		
遅刻・欠勤 休職許可	休職	契機	疲労症状	気力・体力の低下
	離脱期	休職・リラクセーション		医療機関
	心身 安定期	内面の整理	精神医学的面談	職場復帰プログラム
職場環境調整 公式練習 復職許可	復職 準備期	日課づくり		心理カウンセリング
		自主トレ		心理テスト
	再開	上司・人事・健康 支援スタッフとの 面談		集団精神療法
復職後の フォロー				多軸評価テスト
				夫婦・家族面談
				復職後のフォロー

ここでは、情報収集と評価が大切なポイントです。主治医から本人の状態について情報収集することは、個人情報の取得となりますので、本人の承認が必要不可欠です。ですから、休職時のルールとして、本人情報の取得協力義務などを盛り込むことも必要となります。

参考までに職場復帰の可否の判断と手順 (**図表5-4-3**) について掲載します。

【図表５-４-３】職場復帰の可否の判断と手順

第3ステップで実施しておくべきこと

情報の収集と評価
- 労働者の意思の確認
- 主治医からの意見収集

- 労働者の状態等の評価
  - 治療状況及び病状の回復状況の確認
  - 業務遂行能力の評価

- 職場環境の等の評価

- その他
  - 本人特性
  - 家族の支援状況等

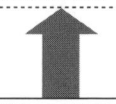

↑
- 休職中の生活情報収集
- 治療状況(要本人承諾)
- 職場への配慮と評価

職場復帰の可否についての判断
- 復帰後の業務が可能か？
- 主治医の判断
- 産業医の判断も考慮して判断する

- 職場環境に関する事項については、管理監督者等の意見を十分に考慮しながら総合的に行わなければならない。

検討すべき内容
- 職場復帰日／管理監督者による就業上の配慮／人事労務管理上の対応等／産業医等による医学的見地から見た意見

↑
- 本人パフォーマンス
- 服薬と業務の安全性
- その他制限項目の確認

職場復帰支援プランの作成
- 職場復帰が可能と判断された場合には、職場復帰支援プランを作成する。
- 通常、元の就業状態に戻すまでにはいくつかの段階を設定しながら経過を見る
  - 各段階に応じた内容と期間の設定
  - 各段階に求められる水準
  - 例：定時勤務、職場内での仕事に関する意思疎通、顧客との折衝など…

↑
<プラン実施期間中>
- 本人の状態確認
- 安全配慮、職場配慮

→ **第4ステップ 最終的な職場復帰の決定**

→ メンタルヘルス対策支援専門機関によるサポート

資料：厚生労働省、中尾労働災害防止協会作成「メンタルヘルス対策における職場復帰支援」より

5 職場復帰の問題点

　職場復帰の問題点をここで挙げておきます。復職可否判断には、主治医による職場復帰可能の診断書が必須です。
　しかし、一般的な場合、診断書の内容は、病状の回復が中心で、本人や家族の希望が含まれている場合もあります。それは、ただちにその職場で求められる業務遂行能力まで回復しているか否かの判断とは限りません。ここで職場での判断基準との違いが生じます（図表5-5-1）。

【図表5-5-1】医療と事業所の「復職可」基準の違い

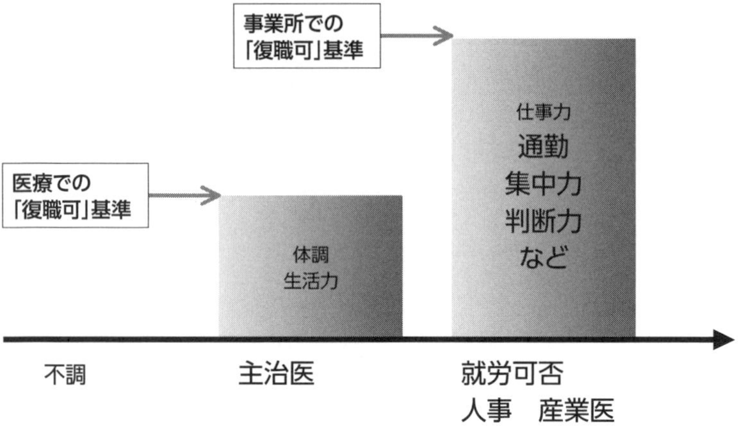

事業所での「復職可」基準 → 仕事力　通勤　集中力　判断力　など

医療での「復職可」基準 → 体調　生活力

不調　　主治医　　就労可否　人事　産業医

　さらに、診断書の病名について、診断書の病名は必ずしも正確に記載されているとは限らないという調査結果が出ています。
　精神科医を対象とした調査では、

- 実際の病名を正確に記載する→2割
- 偏見の少ない病名を用いる→3割
- 状態像（抑うつ状態等）を記載する→3割

ということは、診断書の病名から職場の対応がわかるわけではないということがいえます。

また、休業中の職場復帰支援について、休業中の職場復帰支援体制が未整備で、休業中に何の準備もなく、休業期間満了間近になって突然、復職可の診断書が持ち込まれるケースも多くあります。

休業中の復帰支援を整えるうえでも、就業規則やその附帯規則としての休職から復職に関するルールなどを見直すことを検討しなくてはなりません。

就業規則やルールが未整備で、休業者が疾病利得的な状況を経験しやすい状態である一方、通常勤務者（職員）は不公平感を感じやすい職場環境が多く見受けられます。この場合、

- 休職満了までの期間が非常に長く、所得保障も十分
- 同じ種類の疾病で再休職しても、休職満了までの期間が通算されない（リセットされる）

という状況なども見られます。

また、試し出勤等の制度もありますが、人事労務管理上の位置づけ、災害時の問題、賃金の問題等があり、盛り込めていない事業者が多いのも実態です。結果、週5日8時間労働のハードルを下げられないことになってしまうというわけです。

その他、休職～復職時によくあるトラブルは、**図表5-5-2**のようなパターンです。
　これは、就業規則上の休職期間は18か月（1年半）ですが、それは累積の休職日数であることがほとんどです。この場合、休職と復職を繰り返す職員には、復職した数か月の期間はカウントされません。
　しかしながら、実は傷病手当は休職開始からひとつの病気やけがで18か月経過すると支給されなくなりますので、数か月分の誤差が出ることになります。
　特別に手当を考えていない事業所にとっては、休ませているにもかかわらず、手当がないという事態が起こりますから、職員とのトラブルが発生しやすくなります。現在は、そのようなことのないようにLTD制度（就労不能時補償：詳細は損害保険会社等にお問い合わせください）の導入などを考える事業所もあります。

【図表５-５-２】規則・基準・ルールがない場合

休職と復職を繰り返した結果

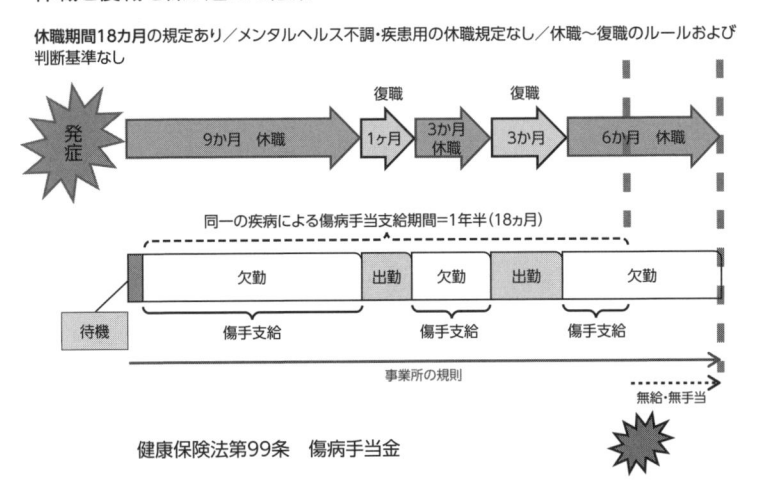

休職期間18カ月の規定あり／メンタルヘルス不調・疾患用の休職規定なし／休職〜復職のルールおよび判断基準なし

発症 → 9か月 休職 → 復職 1ヶ月 → 3か月 休職 → 復職 3か月 → 6か月 休職

同一の疾病による傷病手当支給期間＝1年半（18ヵ月）

待機 | 欠勤 | 出勤 | 欠勤 | 出勤 | 欠勤
傷手支給　傷手支給　傷手支給

事業所の規則

無給・無手当

健康保険法第99条　傷病手当金

6 規定・ルールづくりの必要性

　介護・福祉事業所の職場でも、一般的な事業所の職場と同様、いやそれ以上にメンタルヘルス不調に関わるトラブルが発生しています。それは、何よりもメンタルヘルス不調に関わる就業規則上の休職・復職規定の未整備や、不明瞭な復職基準等がその主な原因と考えられます。メンタルヘルス対策を効果的に取り組むためにも、実は規定やルールの整備（手続き）は重要なポイントとなります。

　ここでは、参考までに「私傷病休職・復職規定の整備の必要性」（労働行政『企業におけるメンタルヘルス不調の法律実務　判断に迷う休職・復職40の事例とその対処法』第5章より一部抜粋）について触れておきます（図表5-6-1）。

　ここでのポイントは休職制度は職員の権利ということではなく、事業所が職員に与えた猶予期間であるということです。ですから、休職期間中はまずしっかり休養し、主治医の指示の下、治療することが最も優先されます。

　また、復職を念頭に置いてルールに従ってリハビリをすることも、ある意味で職員側の義務と考えられます。

　だからこそ、事業所のルール整備と体制づくりが必要不可欠なのです。

【図表5-6-1】私傷病休職・復職規定の整備の必要性

【私傷病休職制度】
　私傷病（業務以外の理由で生じた傷病）により就労が不能な意思困難な状態にある労働者に対し、傷病の回復を待つための一定の期間……、当該労働者に対する労務不提供を理由とする解雇の発令を猶予する制度
　さらに、休職期間は治療に専念させ、療養の結果、職務遂行が可能な程度に健康が回復すれば復職させるという制度

私傷病休職制度の設営を求める法律上の規則は存在しない

⬇

今日の休職制度の趣旨は、労働者の雇用保障に対する配慮

⬇

古い時期につくられて改定をしていない休職・復職規定は「けがや精神疾患以外の疾病（例：感染症など）を念頭においたものが多く、規定の不備がトラブルの元になるさまざまな事例が増えています。

【図表5-6-2】専門家が提唱するルール作成時のポイント

【1】 制度の利用が可能な従業員の範囲を明確にする
不当な差別や不利益取り扱いに当たらない限り適用範囲は自由

【2】 休職の要否を判断するにあたっての調査協力業務を明記
休職希望者の病状と、将来の回復可能性の有無を把握する必要があるので、医学的資料(主治医の診断書)の提出および組織側の必要な調査への協力義務を明記すること

【3】 休職期間の長さをあらかじめ設定しておく
会社への貢献度に配慮する組織も多い、外資系では3か月という企業もある。業務の内容、性質なども考慮して、適切な期間の設定が必要

【4】 休職期間満了時の退職・解雇の扱いを明確にしておく
解雇には30日前までの予告や解雇制限(労基法19条)に服する可能性もあるので満了日を持って自動的に退職扱い(自然退職)を薦める専門家が多い

【5】 休職中の待遇等や休職者の付随的義務を定めておく
無給が原則、健康保険組合からの傷病手当金は休職制度外の補完的機能

【6】 原職復帰を原則とし、回復の状態によっては業務の軽減等も定めておく
一般的には原職復帰はストレスは少ないとの見解から、一応の合理性はあるがケースバイケースで産業医の意見書などを参考に組織の判断をすること

【7】 復職の可否を判断するための資料を提供するように規定化しておく
休職事由の存在と同様に、休職事由の消滅についても立証責任は労働者本人

【8】 リハビリ出勤制度について
明確な法概念はなく復職可否の判断のステップの中に位置づけられるので、一時的な措置、処遇調整措置が考えられる。無給か有給かはインターンシップの考え方を参考に無給でも構わないとされるが、その場合には労災保険の対象とならないので要注意

【9】 復職しても欠勤と休職を繰り返す者への対応を明記する
一定期間内に同一ないし類似の傷病により再度欠勤した者へは速やかに休職を命じるとともに、前回の休職期間の残日数を上限とするなどの制限も必要

【10】 安全配慮の面からも復職した者の責務を記しておく
復職後は、自責の念や職場環境の変化等によるストレスがかかりやすい状況なので、上司や健康管理スタッフとのコミュニケーションを保ちながら就業するべきことを明記する

出典:『企業におけるメンタルヘルス不調の法律実務』峰隆之、北岡大介著、労務行政

いかがでしょうか。休職規定は労働者の権利のように考えられがちですが、そうではなく、言い換えれば、労働者が復職を目指して治療とリハビリに専念するために事業者に与えられた猶予期間ということです。そのように考えれば、このような規則の整備は、職員側にとっても大変ありがたい話です。しかしながら、メンタルヘルス不調で休職となると、休職開始時にはこのような細かな説明を直接受けても、書面で渡されても、ほとんど頭に入らない状況かもしれません。そのような状況を想定して、管理職者のハンドブックや休職する本人向けの休職の手引きが作成されていると、大変便利かもしれません（図表5-6-2）。

最後に、省令や指針の発令、労働安全衛生法の改正など、この10年余りの国の対策を確認してみましょう。図表5-6-3に主な指針や改正を整理しました。これを確認するだけでも、実は徐々に事業者の責任が重くなっていることが容易に理解できます。

直近の2014（平成26）年6月19日に国会で可決され、同月25日公布された「労働安全衛生法の一部改正」ですが、これも突然湧き出てきた国としての対策ではなく、これまでの対策を評価し、浸透具合を測りながら考えられた次の一手であるということがわかります。ですから、この法改正は今後のメンタルヘルス施策や労災、そして民事裁判に至るまで大きな影響を及ぼす可能性が高いともいわれています。すでに相談窓口等に多くの事業所や団体から問い合わせが来るほど関心がもたれているようです。私もそれにお応えして、解説と共に今後の予想される課題についても触れながら、業界としての対応策がいち早く整うように説明と支援をしていきます。

まず、この法律改正の目的を明確に知っておくことが必要です（図表5-6-4）。目的は、化学物質による健康被害が問題となった胆

【図表5-6-3】労働衛生分野における行政の流れ

年　月	概　　　要
1999年9月	心理的負荷による精神障害等に係る業務上外の判断指針 ・うつ病などの精神障害と業務の因果関係を客観的に判断できる基準が示された
2000年8月	事業場における労働者の心の健康づくりのための指針（旧指針） ・事業場の心の健康づくりに関する基本的な計画（健康づくり計画）を策定と4つのケアの推進
2002年2月	過重労働による健康障害防止のための総合対策（旧総合対策） ・時間外労働の削減、年次有給休暇の取得促進、労働者の健康管理の徹底

年　月	概　　　要
2004年10月	心の健康問題により休業した労働者の職場復帰支援の手引きを公表
2005年10月	労働安全衛生法改正　長時間労働者の面接指導の義務付け
2006年3月	労働者の心の健康の保持増進のための指針（厚生労働大臣公示）の公表 職場復帰支援、早期発見、予防等について従業員の役割、社外専門機関の活用等について
2008年3月	労働契約法の一部改正、使用者の安全配慮義務について規定（第5条）がなされた
2009年4月	「心理的負荷による精神障害等に係る業務上外の判断指針」の改定 心理的負荷が高まる職場環境の原因を網羅
2013年4月	第12次労働災害防止計画で更なるメンタルヘルス対策の強化 ○メンタルヘルス不調を予防するための職場改善手法の検討 ○ストレスチェック等の取り組みを推進 ○取り組み方がわからない事業場への支援を充実・強化 ○事例集やモデルプログラムの作成により職場復帰支援を促進
2015年	労働安全衛生法の一部改正（ストレスチェックの義務化へ）

法律改正が、突然議論されているわけではない

管がん事案や、業務上の負担を原因とする精神障害事案の急増など最近の労働災害の状況を踏まえ、労働者の安全と健康の確保のため、労働安全衛生対策の一層の充実を図ることです。要するに、労災の未然防止の仕組みづくりが明確な目的と考えられます。改正する6つの項目の中に「ストレスチェック制度の創設（義務化）」があり、その内容は、医師、保健師などによるストレスチェックの実施を事業者に義務付ける（ただし、従業員50人未満の事業場については

【図表5-6-4】改正法の目的とポイント

この法律の目的は、化学物質による健康被害が問題となった胆管がん事案や、業務上の負担を原因とする精神障害事案の急増など最近の労働災害の状況を踏まえ、労働者の安全と健康の確保のため、労働安全衛生対策の一層の充実を図ることです。（労災の未然防止の仕組みづくり）

1. 化学物質管理のあり方の見直し
・特別規則の対象にされていない化学物質のうち、一定のリスクがあるものなどについて、事業者にリスクアセスメントを義務付ける。
2. ストレスチェック制度の創設
・医師、保健師などによるストレスチェックの実施を事業者に義務付ける。 （ただし、従業員50人未満の事業場については当分の間努力義務とする。） ・事業者は、ストレスチェックの結果を通知された労働者の希望に応じて医師による面接指導を実施し、その結果、医師の意見を聴いた上で、必要な場合には、適切な就業上の措置を講じなければならないこととする。
3. 受動喫煙防止対策の推進
・労働者の受動喫煙防止のため、事業者及び事業場の実情に応じ適切な措置を講ずることを努力義務とする。
4. 重大な労働災害を繰り返す企業への対応
・厚生労働大臣が企業単位での改善計画を作成させ、改善を図らせる仕組みを創設する。（計画作成指示などに従わない企業に対しては大臣が勧告する。それにも従わない企業については、名称を公表する。）
5. 外国に立地する検査機関などへの対応
・ボイラーなど特に危険性が高い機械を製造などする際の検査などを行う機関のうち、外国に立地するものについても登録を受けられることとする。
6. 規制・届出の見直しなど
・建設物または機械などの新設などを行う場合の事前の計画の届出を廃止する。 ・電動ファン付き呼吸用保護具を型式検定・譲渡制限の対象に追加する。

当分の間努力義務とする）こと、そして、事業者はストレスチェックの結果を通知された労働者の希望に応じて医師による面接指導を実施します。また、面接の結果によっては医師の意見を聞いた上で、必要となった場合に適切な就業上の措置を講じなければならないことになっています。さらに、重大な労災事故を繰り返す事業者に対しては、厚生労働大臣が事業者単位での改善計画を作成させ、改善を図らせる仕組みを創設することになりました。またその計画作成

【図表5-6-5】改正法（ストレスチェックの義務化）の内容

ストレスチェック（心理的な負担の程度を把握する検査）制度が可決（平成26年6月19日）

＜ストレスチェック制度の概要＞

目的
●労働者自身のストレスの状況について気づきを促し、ストレスの状況を早期に把握して必要な措置を講じることにより、労働者がメンタルヘルス不調となることを未然に防止すること
主な内容
●労働者の心理的な負担の程度を把握するための、医師又は保健師による検査（ストレスチェック ≠ 精神疾患のスクリーニング）の実施を義務付ける ●事業者は、検査結果を通知された労働者の希望に応じて医師による面接指導を実施し（申し出た労働者対象）、その結果、医師の意見を聴いた上で、必要な場合には、適切な就業上の措置を講じなければならない
対象
●事業者　：　50人以上の事業所で義務（50人未満の事業所で努力義務） ●労働者　：　希望する労働者

指示などに従わない事業者に対しては大臣が勧告し、それにも従わない事業者については、名称を公表するなど厳重に対処することになります。

　一方、ストレスチェック制度の概要（図表5-6-5）を見ると、この制度の目的として「労働者自身のストレスの状況について気づきを促し、ストレスの状況を早期に把握して必要な措置を講じることにより、労働者がメンタルヘルス不調となることを未然に防止すること」と記載されています。ここに明確に表現されていることは、ストレスチェックから医師の面接の一連の流れは、労災の未然防止の仕組みづくりであり、精神疾患のスクリーニングではないということになります。この理解はとても重要なことですので、繰り返し事業所の中で伝えてほしいものです。

　また、施行の時期（図表5-6-6）に関しては、2014（平成26）年6月25日に公布されましたので、公布日から1年半の内に施行

【図表5-6-6】労働安全衛生法改正のスケジュール

改正法の施行は、公布後1年6か月以内とされていますので、2015年12月末までに施行されるものと考えられます。それまでに各事業所で適切な方法を検討し、準備していくことが必要となります。

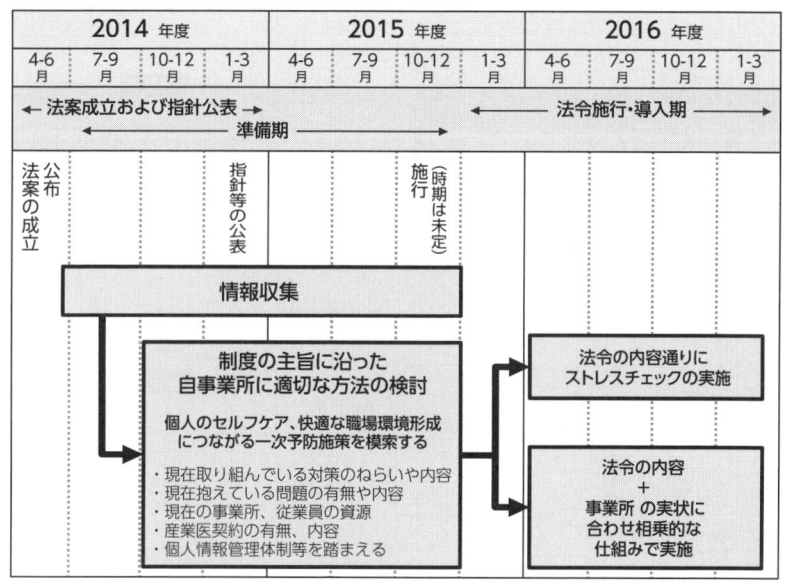

2014年度				2015年度				2016年度			
4-6月	7-9月	10-12月	1-3月	4-6月	7-9月	10-12月	1-3月	4-6月	7-9月	10-12月	1-3月

←――法案成立および指針公布――→ ←――法令施行・導入期――→
 ←――――準備期――――→

- 法案の成立（公布）
- 指針等の公表
- 施行（時期は未定）

情報収集

制度の主旨に沿った自事業所に適切な方法の検討
個人のセルフケア、快適な職場環境形成につながる一次予防施策を模索する
・現在取り組んでいる対策のねらいや内容
・現在抱えている問題の有無や内容
・現在の事業所、従業員の資源
・産業医契約の有無、内容
・個人情報管理体制等を踏まえる

法令の内容通りにストレスチェックの実施

法令の内容
＋
事業所の実状に合わせ相乗的な仕組みで実施

するというルールから考えれば、2015（平成27）年12月には施行されることとなります。あと1年余りの準備期間で、事業所としての準備をどのようにしておくかが対応策のポイントとなります。

参考までに厚生労働省によるモデル項目を掲載します（図表5-6-7）。ここで、単なる義務化と考えて希望者のみに実施すればよいと考えるか、これを機にさまざまな組織的な側面から適切な対策に取り組もうと考えるか、いずれにしても事業者の自由な選択に任されます。しかしながら、この法改正が議論される最中に開催された厚生労働委員会では、参考人意見陳述が行われました。その中で法律の専門家（近畿大学法学部・三柴丈典教授）は、この改正の前

【図表5-6-7】厚生労働省モデル項目（候補）

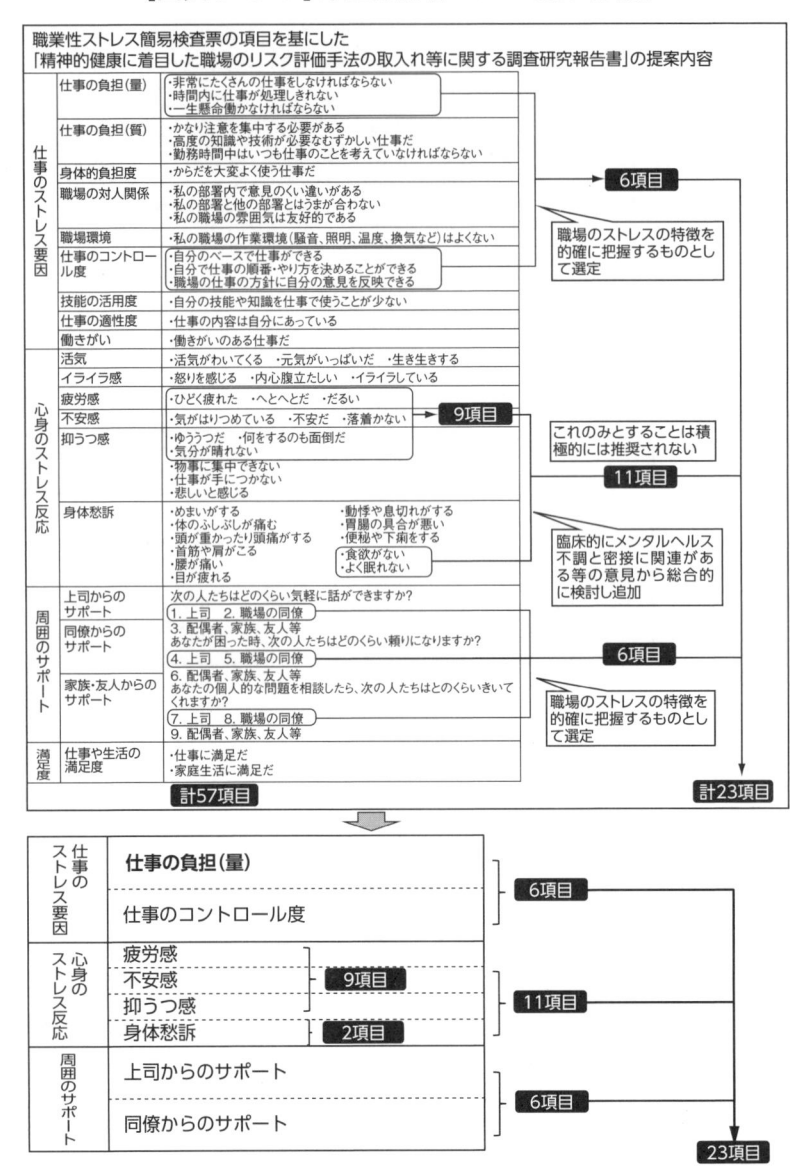

職業性ストレス簡易検査票の項目を基にした
「精神的健康に着目した職場のリスク評価手法の取入れ等に関する調査研究報告書」の提案内容

分類	項目	内容
仕事のストレス要因	仕事の負担(量)	・非常にたくさんの仕事をしなければならない ・時間内に仕事が処理しきれない ・一生懸命働かなければならない
	仕事の負担(質)	・かなり注意を集中する必要がある ・高度の知識や技術が必要なむずかしい仕事だ ・勤務時間中はいつも仕事のことを考えていなければならない
	身体的負担度	・からだを大変よく使う仕事だ
	職場の対人関係	・私の部署内で意見のくい違いがある ・私の部署と他の部署とはうまが合わない ・私の職場の雰囲気は友好的である
	職場環境	・私の職場の作業環境（騒音、照明、温度、換気など）はよくない
	仕事のコントロール度	・自分のペースで仕事ができる ・自分で仕事の順番・やり方を決めることができる ・職場の仕事の方針に自分の意見を反映できる
	技能の活用度	・自分の技能や知識を仕事で使うことが少ない
	仕事の適性度	・仕事の内容は自分にあっている
	働きがい	・働きがいのある仕事だ
心身のストレス反応	活気	・活気がわいてくる　・元気がいっぱいだ　・生き生きする
	イライラ感	・怒りを感じる　・内心腹立たしい　・イライラしている
	疲労感	・ひどく疲れた　・へとへとだ　・だるい
	不安感	・気がはりつめている　・不安だ　・落着かない
	抑うつ感	・ゆううつだ　・何をするのも面倒だ ・気分が晴れない ・物事に集中できない ・仕事が手につかない ・悲しいと感じる
	身体愁訴	・めまいがする　　　　　・動悸や息切れがする ・体のふしぶしが痛む　・胃腸の具合が悪い ・頭が重かったり頭痛がする　・便秘や下痢をする ・首筋や肩がこる　　　・食欲がない ・腰が痛い　　　　　　・よく眠れない ・目が疲れる
周囲のサポート	上司からのサポート	次の人たちはどのくらい気軽に話ができますか？ 1. 上司　2. 職場の同僚 3. 配偶者、家族、友人等
	同僚からのサポート	あなたが困った時、次の人たちはどのくらい頼りになりますか？ 4. 上司　5. 職場の同僚
	家族・友人からのサポート	6. 配偶者、家族、友人等 あなたの個人的な問題を相談したら、次の人たちはどのくらいきいてくれますか？ 7. 上司　8. 職場の同僚 9. 配偶者、家族、友人等
満足度	仕事や生活の満足度	・仕事に満足だ ・家庭生活に満足だ

- 6項目：職場のストレスの特徴を的確に把握するものとして選定
- 9項目：これのみとすることは積極的には推奨されない
- 11項目：臨床的にメンタルヘルス不調と直接に関連がある等の意見から総合的に検討し追加
- 6項目：職場のストレスの特徴を的確に把握するものとして選定

計57項目 → 計23項目

分類	項目	
仕事のストレス要因	**仕事の負担(量)**	6項目
	仕事のコントロール度	
心身のストレス反応	疲労感	9項目 ／ 11項目
	不安感	
	抑うつ感	
	身体愁訴	2項目
周囲のサポート	上司からのサポート	6項目
	同僚からのサポート	

23項目

提にある労働安全衛生法と民事裁判との関係を話されています。そこには、近年の労働安全衛生法の立案は民事裁判の基準として用いられる可能性を意識していること、行政やその関係団体の資源のみで安全衛生の実効をあげることは困難であること、民事責任による規制力は、良くも悪くも無視できないことなどを挙げています。また、本改正は特に、①使用者が尽くすべき手続き、②予見可能性の画定に影響を与える可能性が高いということも説明されています。これは今後の民事裁判への影響が大きいことを示唆しているように考えられます。さらに、情報の取り扱いと制度の本来の姿については、「新制度では、検査結果について労働者の同意がない場合の事業者への提供を例外なく認めていないという厳しい姿勢をとっている（＝労働者に安心して受検していただくための特別処置）。しかしながら、本来は風通しの良い職場環境のもとで、必要な情報が本人の自発的な同意に基づいて適切に伝えられ、適切に管理される状況が望ましいということも解説しています。この意見陳述と、国会の付帯決議を合わせて考えると、職場の混乱や労働者の不利益が生じることを防ぎながら、実効性のある一次予防施策（労働者自身の気づきの促進～職場環境の改善を図る仕組みの構築）を視野に入れた仕組みづくりという今後の課題が見えてきます（図表5-6-8）。

　この課題の解決に向けては、事業者ごとに規模や予算、経営理念や職場環境が異なることから、同じ対策を講じれば済むということではありません。施行までの期間で、職場の混乱を招かないこと、労働者の不利益にならないことを踏まえながら事業所内で十分議論し検討することが必要となります（図表5-6-9）。

　また、その他事業者にとっては深刻な不調を抱える従業員見落としのリスクをはじめ多くの課題を抱えることとなります。事業所ご

【図表5-6-8】予想される課題

附帯決議は、職場の混乱や労働者の不利益が生じることを防ぎ、実効性のある一次予防施策（労働者自身の気づきの促進～職場環境の改善を図る仕組みの構築）を視野に入れた提言となっています。

【附帯決議】

附帯決議内容	ポイント
ストレスチェック制度は、精神疾患の発見でなく、メンタルヘルス不調の未然防止を主たる目的とする位置づけであることを明確にし、事業者および労働者に誤解を招くことのないようにするとともに、ストレスチェック制度の実施にあたっては、労働者の意向が十分に尊重されるよう、事業者の検査を受けないことを選んだ労働者が、それを理由に不利益な取り扱いのないようにすること	・目的の明確化（不調の未然防止） ・事業者及び労働者の誤解防止 ・労働者の不利益防止
検査項目についてはその信頼性、妥当性を十分に検討し、検査の実施が職場の混乱や労働者の不利益を招くことがないようにすること	・検査項目の検討 ・職場の混乱防止 ・労働者の不利益防止
ストレスチェック制度については、労働者個人が特定されずに、職場ごとのストレスの状況を事業者が把握し、職場環境の改善を図る仕組みを検討すること	・個人情報保護の徹底 ・職場環境改善の仕組みの検討
小規模事業者のメンタルヘルス対策について、産業保健活動総合支援事業による体制整備など必要な支援などを行うこと	・小規模事業場の支援
重大な労働災害を繰り返す企業への対応については、今回の改善計画制度を着実に実施する一方、当該企業の個別事業場の法令違反に対しては厳格に対応すること	・法令違反への厳格対応

【図表5-6-9】予想される課題解決のヒント

職場の混乱や労働者の不利益が生じることを防ぎ、実効性のある一次予防施策（労働者自身の気づきの促進から、職場環境の改善を図る仕組みの構築）を実現する。

1. 事業場内外の関係者と協議し、事業者の意向を明確にし、ストレスチェックの手法・内容を充実させる。

2. メンタルヘルス不調に関する誤解や偏見を解くための教育研修・情報提供を行う。

3. 衛生委員会等でメンタルヘルス情報の管理に関する規定を整備・運用する。

4. 不調への対応を超えた、不合理な不利益のある取り扱いを行わない旨を明言する。

とに特徴のある職場環境を考えると施行までの期間により必要なことは、第一にこれまでのメンタルヘルス対策の整理と評価を一度時間をかけて実施すること、第二に、事業所内にメンタルヘルス対策に関する理解度がどれほど浸透しているかを確認しておくこと、それに加えて組織として今後どのようにしたいか（ニーズ）を明確にすること（**図表5-6-10～12**）で、実施内容やその手法はおのずと決まってくるかと思います。要するに、今までの対策の実績と理解度によって次の一手は変わるということを理解していただければ、より適切な方向に進むものと考えられます。今後も日々変化するメンタルヘルスの法律や省令、指針について情報収集、そして一定のエビデンスを備えた調査票の採用と定期的な専門機関の活用などを心がけるようにしてください。

　今後もより進む超高齢社会と、それを適切に支える介護福祉事業のさらなる発展のために、この書籍が活用されますことを願っております。

【図表5-6-10】労働安全衛生法は最低限のラインを規定する

労働安全衛生法

第1条(目的)
　この法律は、労働基準法と相まって、労働災害の防止のための危害防止基準の確立、責任体制の明確化及び自主的活動の促進の措置を講ずる等その防止に関する総合的計画的な対策を推進することにより職場における労働者の安全と健康を確保するとともに、快適な職場環境の形成を促進することを目的とする。

目的達成のための最低限の条文から構成される

第69条～第71条
・健康の保持増進のための措置
　健康診断(義務)、保健指導(努力義務)、長時間労働者への面接指導(申出制)、事業者による健康の保持増進のために講ずべき措置(努力義務)
・快適な職場環境の形成のための措置
　安全衛生の水準の向上を図るための快適な職場環境を形成(努力義務)

ストレスチェック制度の追加

目的達成のための実施方法のモデルが示される

各種指針
・労働者の心の健康の保持増進のための指針
　(健康づくり計画の策定、4つのケアの推進、相談体制の整備、職場環境改善など)
・事業者が講ずべき快適な職場形成のための措置に関する指針
　(空調管理、疲労回復・ストレス軽減施設、清潔さなど)
・ストレスチェックの結果に基づいた医師の面接指導後に事業者が講ずべき措置に関する指針

新たな指針の公表

メンタルヘルスの問題は、複雑な問題状況を抱えているため、事情に合わせて対処することが本質的な問題の解決につながる。

↓

これをすれば良い、そうでなければ悪いというものではないため、罰則に裏付けられた強制規範ではなく、最低限のラインを努力義務や指針として定めているものが多い

Point!
○の方向に事業者の実状に合わせて取り組む

○　労働安全衛生法の目的
　・労働者の安全と健康の確保
　・快適な職場環境の形成

最低限のラインを法令で規定

×　労働者の不利益
　・労働者の安全と健康の悪化
　・雇用契約、人事管理上の不利益

【図表5-6-11】義務化に伴い予想されるその他課題

事業者の負担の増大と深刻な不調を抱える従業員見落としのリスク

■希望者のみ実施&結果は非通知でも事業者が費用負担　→　従業員への説明(労組・衛生委員会)

■医師の面接結果による就業措置の必要性

■付帯決議から見える(近い将来の)職場環境改善への活用

■全員対象を見据えた受検させる工夫と結果の適正活用の環境づくり

■実施方法と検査項目についての検討

■セルフケアへの適切な活用推進

検査の実施が職場の混乱や労働者の不利益を招かない工夫

単に、事業者の義務として実施するか、発症予防を意識して本格的に取り組むか
どのような方法で、どこまで取り組む検討が必要

【図表5-6-12】労働安全衛生法改正に伴う"課題"解決のヒント

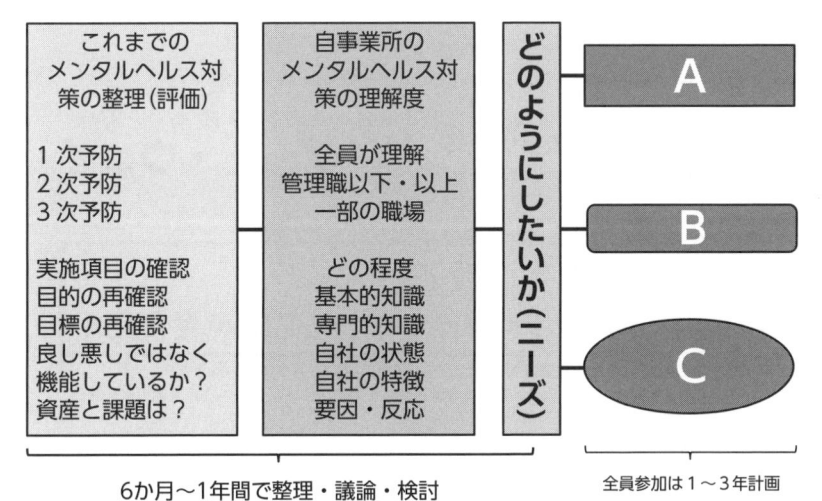

これまでの メンタルヘルス対 策の整理（評価）	自事業所の メンタルヘルス対 策の理解度	ど の よ う に し た い か（ニーズ）	
1次予防 2次予防 3次予防 実施項目の確認 目的の再確認 目標の再確認 良し悪しではなく 機能しているか？ 資産と課題は？	全員が理解 管理職以下・以上 一部の職場 どの程度 基本的知識 専門的知識 自社の状態 自社の特徴 要因・反応		A B C

　　　6か月～1年間で整理・議論・検討　　　　　　全員参加は1～3年計画

【参考資料】介護事業専用メンタルヘルス対策支援サービス

介護業界 専用

メンタルヘルス対策支援サービス　**ゲート・ウェイ**（メンタルヘルス）

> **トピックス！**
>
> ## 労働安全衛生法改正
> ## 職場での「ストレスチェック」実施が義務化！

・平成26年6月25日、厚生労働省より公布（平成27年12月までに施行予定）
・改正のねらいはセルフケアの促進や職場環境改善などによるメンタルヘルス不調の未然防止

準備できていますか？

まずはこのようなポイントを確認してみましょう！
（YES/NOどちらかに☑）

	YES / NO
STEP1 メンタルヘルス調査を実施していますか？（ストレスチェック）	☐ / ☐
STEP2 セルフケアを促す個別結果を職員に通知していますか？	☐ / ☐
STEP3 事業所全体の結果から職場の現状を把握できていますか？	☐ / ☐
STEP4 職場環境の問題点や、改善策が明確ですか？	☐ / ☐

NOに☑がある場合は、裏面をご覧ください。

アイエムエフ株式会社

「ゲート・ウェイ」は、
介護業界専用に**開発された**メンタルヘルス対策支援サービスです。

STEP1　メンタルヘルス調査(ストレスチェック)を実施

厚生労働省がモデルとして示すチェック項目にも対応した、独自のメンタルヘルス調査（ストレスチェック）により、職員のストレス状況を調査します。介護業界の現場で直面する問題を想定したチェック項目で、あなたの職場のストレスの原因をより深く調査できます。

続きは… → http://www.imfine.co.jp

STEP2　セルフケアを促す個別結果を職員に通知

職員一人ひとりに、個人レポートをご提出します。
職員の皆さまご自身の心身の状態や仕事、職場の状況が示されますので、職員の皆さまのセルフケアに役立ちます。

続きは… → http://www.imfine.co.jp

STEP3　事業所全体の結果から職場の現状を把握

職員全体の回答結果を集計し、組織レポートをご提出します。
職員の皆さまがストレスに感じる仕事や職場の環境要因などを知るのに役立ちます。独自の分析により、あなたの職場の結果を介護業界全体の結果と比較できます。

続きは… → http://www.imfine.co.jp

STEP4　職場環境の問題点・改善策の明確化

施設長や事務長をはじめとした管理職の皆さまが、職場環境についての問題点を把握し、改善していくことができるようにサポートいたします。介護・福祉業界に詳しい臨床心理士等の専門家による管理者向け電話相談サービスや、ハンドブックを提供します。

続きは… → http://www.imfine.co.jp

料金

メンタルヘルス ゲート・ウェイ	職員50人まで	職員50人超（1名につき）
	定額 88,000 円（税別）	800 円 × 50 名超過人数分

※上記はパック料金となります。部分的なサポートをご希望の場合（例：「電話相談のみ利用したい」等）は、別途弊社までお問合わせください。

お問い合わせはこちらまで

アイエムエフ株式会社
☎ 03-5333-9480　月～金曜 10:00～18:00

〒151-0053 渋谷区代々木3-24-4
あいおいニッセイ同和損保新宿別館ビル7F

http://www.imfine.co.jp

●著者略歴

大塚 博巳 (おおつか　ひろみ)

アイエムエフ株式会社CEO

損害保険会社の医療・介護分野専門担当部署にて、リスクマネジメントをはじめ介護事業の経営支援等に参加。介護現場での活動を経て、アイエムエフ株式会社研究センターを設立。現在、米国の高齢者ケアの現場のリサーチから日本の介護現場に合わせたメンタルヘルス対策を紹介する講座開設や人材育成などのコンサルテーション活動を行っている。

本書は、月刊誌『最新介護経営介護ビジョン』に連載された「職場づくりとメンタルヘルス」の一部を再編集し、掲載しています。

- ●表紙デザイン／梅津幸貴
- ●編集協力／沢田恵子
- ●本文DTP　／タクトシステム（株）

介護福祉経営士　実行力テキストシリーズ13
職員の健康をマネジメント！
企業価値を高める"攻め"のメンタルヘルス対策

2014年8月20日　初版第1刷発行

著　者　大塚　博巳
発行者　林　諄
発行所　株式会社 日本医療企画
　　　　〒101-0033　東京都千代田区神田岩本町4-14
　　　　　　　　　　神田平成ビル
　　　　　　　　　　TEL 03（3256）2861（代表）
　　　　　　　　　　FAX03（3256）2865
　　　　　　　　　　http://www.jmp.co.jp
印刷所　大日本印刷株式会社

ISBN978-4-86439-075-0　C3034　ⒸHiromi Otsuka 2014, Printed in Japan
（定価は表紙に表示しています）

「介護福祉経営士」テキストシリーズ　全21巻

総監修

江草安彦（社会福祉法人旭川荘名誉理事長、川崎医療福祉大学名誉学長）
大橋謙策（公益財団法人テクノエイド協会理事長、元・日本社会事業大学学長）
北島政樹（国際医療福祉大学学長）

(50音順)

■基礎編Ⅰ（全6巻）

- 第1巻　介護福祉政策概論 ── 介護保険制度の概要と課題
- 第2巻　介護福祉経営史 ── 介護保険サービス誕生の軌跡
- 第3巻　介護福祉関連法規 ── その概要と重要ポイント
- 第4巻　介護福祉の仕組み ── 職種とサービス提供形態を理解する
- 第5巻　高齢者介護と介護技術の進歩 ── 人、技術、道具、環境の視点から
- 第6巻　介護福祉倫理学 ── 職業人としての倫理観

■基礎編Ⅱ（全4巻）

- 第1巻　医療を知る ── 介護福祉人材が学ぶべきこと
- 第2巻　介護報酬制度／介護報酬請求事務 ── 基礎知識の習得から実践に向けて
- 第3巻　介護福祉産業論 ── 市場競争と参入障壁
- 第4巻　多様化する介護福祉サービス ── 利用者視点への立脚と介護保険外サービスの拡充

■実践編Ⅰ（全4巻）

- 第1巻　介護福祉経営概論 ── 生き残るための経営戦略
- 第2巻　介護福祉コミュニケーション ── ES、CS向上のための会話・対応術
- 第3巻　事務管理／人事・労務管理 ── 求められる意識改革と実践事例
- 第4巻　介護福祉財務会計 ── 強い経営基盤はお金が生み出す

■実践編Ⅱ（全7巻）

- 第1巻　組織構築・運営 ── 良質の介護福祉サービス提供を目指して
- 第2巻　介護福祉マーケティングと経営戦略 ── エリアとニーズのとらえ方
- 第3巻　介護福祉ITシステム ── 効率運営のための実践手引き
- 第4巻　リハビリテーション・マネジメント ── QOL向上のための哲学
- 第5巻　医療・介護福祉連携とチーム介護 ── 全体最適への早道
- 第6巻　介護事故と安全管理 ── その現実と対策
- 第7巻　リーダーシップとメンバーシップ、モチベーション
　　　 ── 成功する人材を輩出する現場づくりとその条件